現代商貿服務
企業合夥制
管理改革與創新

任家華、應陳炳、胡康康 著

崧燁文化

前　言

在新經濟時代，人與組織之間的關係和力量對比發生了改變，不同於原先那種金字塔式的層級結構，組織的結構開始變得更加扁平化和網狀化。內部市場化與組織「失控」成為企業管理新常態，大眾創業的時代已經來臨，人才大爭之勢不可阻擋。在「大眾創業、萬眾創新」浪潮下，合夥制已然成為企業創新的源泉。許多擁有共同價值觀、使命感的人為了共同事業走到一起，形成合夥人。合夥制管理幾乎成為創業公司的標配，並成為風險投資者評價的重要因素。與傳統的股權激勵相比，合夥人管理機制除了通過一定的股權和分紅權來綁定人才，更重要的是找到志同道合共同奮鬥的人。這種價值觀的認同和主人翁的精神是非常重要的。經濟的新常態倒逼企業轉型升級，打造創業平臺成為必然趨勢。

「合夥」是最古典的組織智慧，具有悠久的歷史，長期以來一直是一種重要的企業組織形式，時至今日又被人們賦予了新的意義，並開始在企業中發揮重要作用，煥發出旺盛的生命力。最近幾年，很多標杆企業都在推行合夥制管理模式，希望變革員工身分，從雇傭與被雇傭的勞資關係轉變為共同創業的合夥關係。這些管理機制不同於法律意義上的傳統合夥制，也不同於股份制下的員工持股或股份合作制。合夥制是組織激勵框架

下人力資本相對於物質資本議價能力提升的必然結果,更是公司體制與合夥體制相互交融之後所形成的一種新制度模式。

人才在生產要素中的地位越來越高,合夥制成為公司組織模式變革的一個重要方向,而且很多公司的改革已卓有成效。雖然這些公司的合夥制不盡相同,但制度設計的出發點類似,就是通過與人才合夥,發揮人才的創造力,形成公司的持續創新能力,以迅速回應客戶需求,提升公司營運效率。當然,合夥制管理的改革也將面臨一系列挑戰和風險,深化實踐和創新是判斷這件事的唯一標準。

隨著新技術的進一步應用、新的生產模式進一步展開,人力資本越來越稀缺,合夥制的道路將越走越寬。未來不再有公司,只有平臺;未來沒有老板,只有創業領袖;未來不再有員工,只有合夥人。在互聯網經濟時代,現代商貿企業的競爭將是知識的競爭。同時,未來資本市場能否逐步放鬆同股同權原則、實施更嚴格的合夥人信息披露制度等也將進一步影響合夥制管理的深入發展。

作者

目　錄

第一章　合夥制管理總論 / 1

第一節　合夥制管理的產生背景 / 1

一、新經濟促進了人力資本的發展 / 1

二、新經濟時代下的組織重構 / 3

三、新經濟時代下的管理變革 / 5

第二節　合夥制管理的內涵 / 6

一、合夥制管理的含義 / 7

二、合夥制管理的特徵 / 8

三、合夥人的成長模式 / 17

四、如何建立合夥人保障機制 / 22

第三節　合夥制管理的常見運行模式 / 26

一、合夥制管理的治理模式 / 27

二、合夥制管理的激勵模式 / 49

第四節　合夥制成為管理創新的驅動力 / 58

一、合夥制改革驅動企業管理的頂層設計創新 / 59

二、合夥制推動企業治理機制創新／59

　　三、合夥制推動企業激勵機制創新／63

　　四、合夥制推動商業模式創新／71

第二章　合夥制助推現代商貿服務企業管理改革／72

第一節　現代商貿服務企業發展的瓶頸／72

　　一、國企改革問題／73

　　二、管理粗放問題／73

　　三、職業經理人制度存在局限性／75

　　四、經營模式相對落後／76

　　五、人才瓶頸問題／76

第二節　合夥制與現代商貿服務企業改革／78

　　一、促進混合所有制改革／78

　　二、承接雙創戰略，推動和保障實體經濟可持續健康發展／80

　　三、企業發展的動力機制改革／80

　　四、強化人力資本價值，助推價值分配製度改革／82

　　五、企業組織生態改革／83

第三章　現代商貿服務企業合夥制治理創新與典型案例／86

第一節　合夥制治理創新分析／86

　　一、協調了董事會和股東大會之間的矛盾／86

　　二、創業團隊強化了實際控制權／87

　　三、釋放經營決策權／88

　　四、拓展了企業家資源與創新機會／89

　　五、風險投資機構的監督作用得以強化／90

六、文化紐帶作用得以凸顯 / 90

　　七、實現了扁平化管理 / 91

第二節　阿里巴巴集團案例 / 91

　　一、阿里巴巴案例介紹 / 91

　　二、阿里巴巴合夥制管理分析 / 94

第三節　韓都衣舍電商集團案例 / 97

　　一、案例背景 / 97

　　二、公司層面合夥制管理 / 98

　　三、合夥人小組制管理 / 99

　　四、韓都衣舍的經驗與啟示 / 103

第四章　現代商貿服務企業合夥制激勵創新與典型案例 / 105

第一節　合夥制激勵創新分析 / 105

　　一、兼顧長短期激勵 / 105

　　二、賦能、賦權、賦利，極大地釋放員工潛能 / 107

第二節　永輝超市案例 / 111

　　一、案例背景 / 111

　　二、永輝合夥人制度實施方案簡介 / 112

　　三、永輝超市合夥人制度的啟示和經驗 / 123

第三節　沃爾瑪案例 / 125

　　一、案例背景 / 125

　　二、員工合夥人方案 / 126

　　三、沃爾瑪公司的經驗與啟示 / 129

第五章　現代商貿服務企業合夥制商業模式創新與典型案例 / 130

第一節　合夥制商業模式創新分析 / 130

一、生態型組織創新 / 130

二、價值創造流程創新 / 133

三、價值分配機制創新 / 135

第二節　7-ELEVEN 案例 / 137

一、案例背景 / 137

二、7-ELEVEN 的合夥人運行機制 / 138

三、7-ELEVEN 的經驗與啟示 / 141

第三節　阿里健康的藥店合夥人計劃 / 141

一、案例簡介 / 141

二、未來藥店合夥人計劃的內容 / 143

三、未來藥店合夥人計劃的實施 / 144

第六章　現代商貿服務企業合夥制管理的未來趨勢展望 / 147

第一節　平臺型創業合夥人制管理的廣泛應用 / 147

一、基於創業合夥人的平臺型企業將更加開放創新 / 147

二、組織「失控」將成為新常態 / 148

三、人才競爭更加激烈 / 149

第二節　合夥制管理改革面臨的機遇與風險 / 150

一、合夥制管理改革面臨的機遇 / 150

二、合夥制管理改革面臨的風險 / 151

參考文獻 / 154

附錄 / 162

第一章 合夥制管理總論

第一節 合夥制管理的產生背景

最近幾年，合夥制管理在永輝、萬科、阿里巴巴等企業得到快速發展，合夥制管理成了管理界的熱點。這些公司的合夥制管理並不是法律意義上的合夥人制度，它是「公司制+合夥制」下的管理機制，體現了新經濟時代下的商業邏輯與互聯網思維，實現了資本、技術、人才的合作共贏、共創共享。

一、新經濟促進了人力資本的發展

> 下一個社會將是知識社會，知識將成為社會的關鍵資源，知識工作者將成為主要的勞動力。
> ——彼得・德魯克（現代管理學之父）

在工業時代，由於規模化的需要，機器、廠房等固定資產是生產經營的主要要素，而人的因素為次要要素，物質資本者是剩餘控制權和收益權的擁有者與治理者。因此，物質資本家擁有剩餘控制權和收益權的公司制

開始流行。

　　自從經濟合作與發展組織提出知識經濟以來，創新經濟、網絡經濟、共享經濟迅猛發展，這些「經濟」其實都是「新經濟」。隨著各個國家的國民經濟知識化水準的提高，每個經濟元素中所包含的知識和科技要素越來越多，知識和經濟成果在國民經濟發展中的作用日益凸顯，知識創新能力在要素組合中起著決定性作用，經濟發展的主要動力也正在由物質資本向「物質資本+人力資本」轉變。新經濟時代下，融資渠道日益多樣化，物質資本也越來越證券化，物質資本不再像工業時代那樣難以獲取。同時，由於經濟全球化，生產要素的組合在全球範圍內發生了很大變化，知識流、信息流和技術流的發展速度和規模都大大超過了以往的水準，知識創新能力在要素組合中起著決定性作用，人的價值也越來越被充分地釋放出來。物質資本的依賴性在逐漸下沉，人力資本的依賴性在逐漸上升，這使得物質資本與人力資本的關係再次發生了轉變。一些以前處於從屬位置的生產要素的重要性更加凸顯，例如高層管理團隊的智慧、風險判斷能力、決策能力等。人力資本不再只依附於物質資本，對企業價值創造中的話語權的訴求愈加強烈，並要求獲得更多的企業控制權和剩餘索取權。尤其是在一些資金與人力資本同等重要的行業中，如何兼顧和平衡兩者之間的利益及衝突是許多企業需要重新思考的問題。因此，企業經濟管理從資本經濟到人本經濟具有歷史必然性，也是推動傳統公司制與合夥制融合的動因。上述演進過程如圖 1-1 所示。

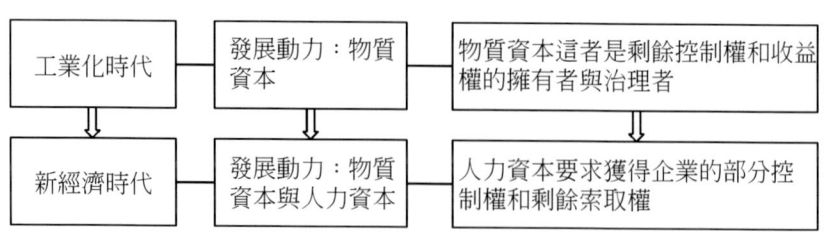

圖 1-1　合夥制管理的歷史演進

二、新經濟時代下的組織重構

隨著互聯網時代的到來，傳統的組織結構已不能適應企業的發展需求。企業出現了越來越多需要現場管理和臨機決定的事宜，如果還是運行之前的組織結構，將大大降低公司的工作效率。在這種情況下，公司需要一種扁平化的組織結構，盡量縮短決策時間。於是，一種顛覆傳統組織架構的管理新思維——合夥制應運而生。

——周建波（北京大學經濟學教授）

（一）組織流程的網絡化與平臺化

在新的組織裡，組織流程正在逐漸發生變化，即從傳統的組織結構入手慢慢變成了從工作流程入手，進而去重構公司內部的結構。網絡組織裡的每一個點都可以與其他點即時相連，以確保任何的脈動都會及時地同步到整個組織中。組織與客戶之間也是通過網狀直連的，客戶的信號都是由組織內相應的網絡結構來即時接收的。

在新經濟時代，人與組織之間的關係和力量對比發生了改變，不同於傳統金字塔式的課層結構，未來的組織結構開始變得更加扁平化和網狀化。在這樣的組織結構中，每個個體都是在自由的、自治的狀態下為組織創造出價值。一個基於科層制、以管理為核心的組織架構逐漸演變為一個以賦能為關鍵詞的創新平臺。這種創新的組織架構的關鍵在於提供平臺，在這個平臺上讓一群創造者可以更順暢地協同、更高效地共創。企業的邊界已經越來越呈現交叉、疊加的特徵。從不斷打破邊界到最後重新設定企業邊界，已經是一種常態。多方共享、多方共有、你中有我、我中有你，

已經成了這個時代的主旋律。資源、資本、地皮不再是競爭成功的根本要素。企業資源需要人才去經營，資本需要人才來高效運作，人才成為競爭獲勝的關鍵要素。隨著信息技術的高速發展，企業的存續期將越來越短，經濟新常態倒逼企業轉型升級，打造創業平臺成為必然趨勢。

(二) 組織結構的生態化

物質資本和人力資本必須相互合作，從而結成共生和共享的治理關係，特別是要以人力資本為核心樞紐，去與多元相關方結成一個「共創-共擔-共享」的合夥關係，如圖1-2所示。企業不僅僅是「委託-代理」或者雇傭關係的組合，而是一種網絡化的合夥關係，公司組織也進化成一種網絡生態型的結構。

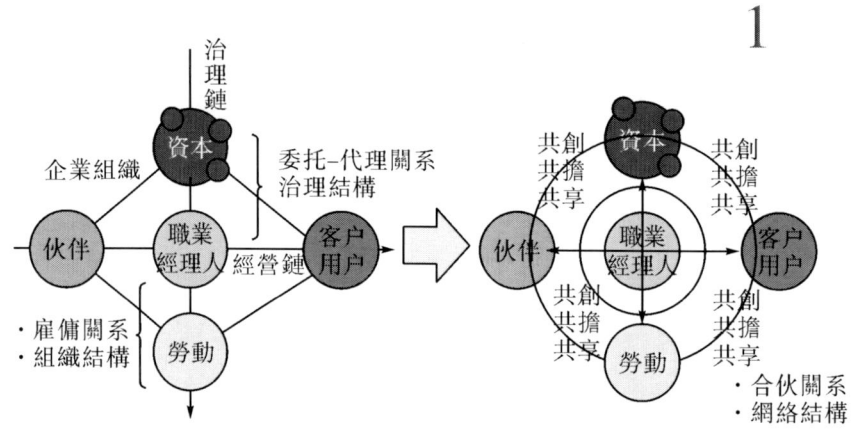

圖1-2　組織結構的生態化升級

資料來源：周禹. 新合夥主義管理論：共生共享時代的企業制度升級［J］. 中國人力資源開發，2016（24）：30-38.

三、新經濟時代下的管理變革

> 如果一個活系統是極其穩定的，其內部運轉井然有序，將很難有發展、進化的機會。只有盡可能地將活系統的邊界最大化，適當容忍犯錯、鼓勵犯錯，讓活系統處在一個不均衡的狀態中，才會迸發出新的火花。創新往往發生在不穩定的邊緣地帶。
>
> ——凱文·凱利

(一）最大限度地挖掘「人」的價值

凱文·凱利在其著作《失控：機器、社會與經濟的新生物學》提出了一系列觀點：「未來世界會不斷從科層制中去中心化，去中心化的組織的生命力大於中央控制的組織；分享和移動化將是趨勢，創新將來自前沿和邊緣。傳統組織結構將置企業於死地，未來的企業組織會更類似於一種混沌的生態系統。」在企業向平臺型結構過渡的過程中，內部員工走向市場，在市場中磨煉能力、參與競爭。傳統組織流程已經不適應新經濟時代的轉型需要，人力資源管理也將轉變為市場規則競爭與客戶選擇。企業應鼓勵內部市場化、允許內部競爭。合夥制的核心是最大限度地挖掘人的價值，極大地提升企業的靈活性。

(二）「參與和分享」逐漸取代雇傭制

在新經濟時代，知識型員工在企業所占比例越來越高。相較於傳統的產業工人，知識型員工有更強烈的自尊、自我實現動機。新經濟時代尊崇平等、開放、共贏，知識型員工的參與和分享意願比以往任何時候都要強烈。隨著人力資本成為企業價值創造的主導要素，人力資本和物質資本不再是簡單的雇傭關係，而是相互的雇傭關係。人力資本不僅要有對剩餘價值的索取權，更要有企業經營決策話語權。在知識經濟和互聯網時代，知

識型員工不僅有參與和分享的意願、權利，還有參與企業價值創造過程和經營決策過程的能力。因此，職業經理人制度無法解決核心的勞資關係問題，傳統的職業精神與激勵機制也不能全面激發人才的潛能，唯有施行「參與和分享」。「參與」主要指參與管理，「分享」主要指分享資源、權力和利益。參與管理是以資源和權利的分享為基礎的。參與企業的價值創造過程，並分享價值剩餘，是知識型員工自我價值實現的途徑。同時，互聯網也為員工的參與和分享提供了技術條件。

（三）自我驅動機制的形成

在新經濟時代，企業要真正迴歸到客戶價值，就需要員工主動參與、自我驅動，並發揮群體力量。組織和人之間的關係已經不再是被動的驅動關係，而是以自我驅動為核心的組織機制。企業傳統的驅動機制是「火車頭」，依靠企業家個人或最高管理當局牽引。企業的新型動力機制不能僅僅依賴於「火車頭」，還需要「動車組」，讓每個員工、每個團隊都是自驅動力，才有可能適應這個不確定且變化迅速的時代環境。當然，員工的自我驅動、自主經營和決策並不是要求員工參與整個企業組織的所有決策。例如：海爾集團通過劃小經營單位，讓每個人成為自主經營體，從而激發員工內在的潛能，激活企業的價值創造能力。

第二節　合夥制管理的內涵

「星巴克之所以能夠開 23,000 多家門店，為全世界億萬人服務，是因為我們能共享成功，以正確的方式打造正確的公司。正確的方式就是平衡，就是利潤和分享的平衡。」

——舒爾茨（星巴克創始人、CEO）

一、合夥制管理的含義

合夥制是一種古老又嶄新的企業治理形態，早在古羅馬時期，合夥制的雛形就已出現。中國法律意義上的合夥人是指合夥企業中的合夥人，它包括有限合夥人和普通合夥人，普通合夥人在合夥企業中承擔無限連帶責任，有限合夥人在合夥企業中以所投入的財產份額承擔有限連帶責任。目前，時興的「合夥制管理」並不是法律意義上的合夥制，而是管理概念上的合夥制（見圖1-3）。因此，本文研究的「合夥人」不僅僅包含傳統意義上的股東合夥人，還包含受股權激勵的高管、核心員工以及外部價值鏈合作方。合夥人制度的背後，是一套全新的管理模式。

合夥制管理是基於未來戰略的重要性，以人力資本為紐帶，以共識、共擔、共創、共享為合夥理念，通過組織變革與長期捆綁機制（授予股權或分紅權）重構組織與人、物質資本與人力資本的合作關係，實現企業的「平臺化」和「生態系統」模式；通過合夥人選拔機制和退出機制，確保「誰創造、誰分享」原則。

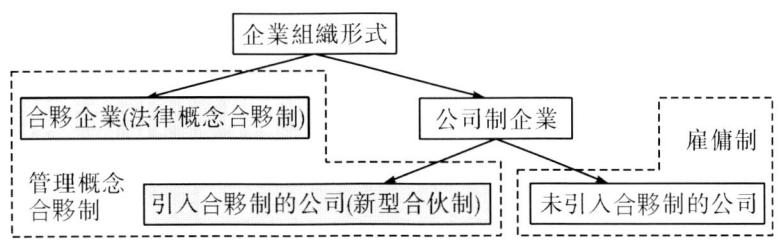

圖1-3　企業組織形式與合夥制管理①

---

① 佚名. 做好合夥制的六種模式［EB/OL］.［2017-08-11］. http://www.sohu.com/a/163808339_335296.

二、合夥制管理的特徵

　　永遠不要靠自己一個人花 100%的力量，而要靠 100 個人中每個人花 1%的力量。

　　　　　　　　　　——比爾·蓋茨（美國微軟公司聯合創始人）

　　周禹（2016）提出了「新合夥制管理」的框架體系，即在共創、共擔、共享的合夥理念指引下，通過生態化的戰略構建、有機化的組織變革、合夥化的人才建設以及共享化的價值機制進行配套設計，形成現代公司向事業合夥制升級轉型的制度構架。這種新合夥制管理是由人力資本價值的提升、人力資本與物質資本開始共生共融，甚至人力資本產權主導地位不斷強化推動。

　　總結已有研究觀點，筆者認為，合夥制管理不僅僅是搞股權類、分享性激勵，而且還涉及企業戰略、文化、業務與商業模式、組織形態、工作方式以及產業聯動等全方位的配套系統建構，甚至包括產業鏈設計系統。合夥制管理體系框架包括基本的價值理念和商業文明生態，如圖 1-4 所示。合夥制管理以共識、共擔、共創與共享作為核心價值理念，形成戰略生態化、組織有機化、人才合夥化以及價值共享化的商業文明生態系統。

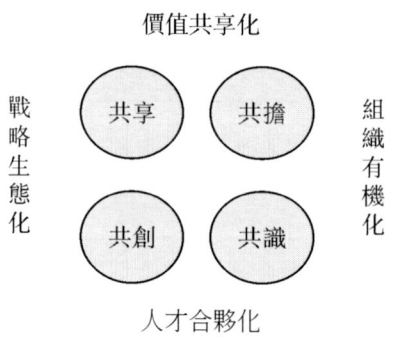

圖 1-4　合夥制管理的特徵

連結 1-1　合夥制不等於股權激勵 ①

許多人對合夥制存在這樣的誤解：以為實行合夥制就是對特定的人才進行股權激勵。其實，對員工進行股權激勵只是合夥制的必備條件，而不是充分條件。依靠單純採取股權激勵的方式，來解決企業所面臨的一攬子人才管理問題，將必然會出現一系列的隱患與風險。因此，企業在設計合夥制時，應綜合考慮與員工激勵相關的所有核心要素，而不應只關注股權激勵計劃這個要素。同時，還應慎重思考：究竟採取怎樣的員工股權激勵模式，才會對本企業的長期發展有利。可供選擇的員工股權激勵模式有四種：全員持股模式、精英持股模式、控制權博弈模式、相互算計模式。

合夥制應能用高效的股權激勵制度，讓員工像老板一樣工作；用合理的股權退出機制，提前規避合夥人糾紛；用專屬的股權融資方案，為合夥人解決資金難題。

(一) 合夥制管理的核心理念

合夥制管理的核心理念是共識、共擔、共創、共享。首先是共識、共擔。合夥人要有事業追求的承諾，有共同的價值追求。然後是共創、共享。光出錢不出力，那不是真正意義上的合夥人，真正的合夥人要「共創」。

1. 共識

合夥人是指高度認同組織價值觀，承諾並力行組織目標與原則的群體。企業推行合夥制的前提是要有共識，合夥人要有共同的使命與文化價值觀。道不同不相為謀，要合夥，只有共識與「道同」才能減少企業內部交易成本。合夥人要有企業家精神，在追求共同使命時，通過更強的文化紐帶和長期承諾，實現「背靠背」的信任。合夥制管理既不能完全取代治

---

① 張詩信，王學敏. 合夥人制度頂層設計 [M]. 北京：企業管理出版社，2018：23-24.

理機制，也不能取代經營管理體制。合夥人的選拔、任用、激勵、評價，更加側重的是合夥人的價值觀，而非他的業績。因此，合夥制最重要的是建立人才信用體系與組織信任機制。這也是組織最重要的核心資產。

合夥制管理模式是否具有生命力，關鍵看企業是否建立起一支傳承使命、引領文化、創造價值的合夥人團隊，合夥制管理模式的生命力來自持續奮鬥的合夥人精神。《孫子兵法・謀攻》曰：「上下同欲者勝。」上下同欲，體現了團隊整體合力。共同的企業願景，同為企業合夥人的身分，將驅動員工甘願為企業付出「不亞於任何人的努力」。因此，對合夥人的一個甄選標準，就是合夥人高度認同公司文化，其品質、行為和公司的使命、願景和價值觀保持一致，願意為公司竭盡全力，有持續奮鬥的合夥人精神。

2. 共擔

共擔就是共擔風險與治理責任。合夥人既要出錢、出力，還要出資源。人力資本與物質資本之間不再是一種簡單的雇傭關係，而是由雇傭關係轉向合夥關係，並形成多重契約關係。為此，企業內部要建立新的規則與平臺體系，縮小核算單位，實現責任下沉、權力下放。這種機制的目的是激發合夥人的自我驅動力，使其樂於奉獻。如果不能堅持「誰貢獻誰分享」原則，把合夥人變成老板，就會使得進入合夥人體系的人出不去，其他有能力者進不來，合夥人變成坐享其成的老板，會給企業內部帶來不公平感和只想分享不想創造的消極思想。

相比於職業經理人制度，合夥制管理可以在一定程度上淡化職業經理人就是為股東打工的觀念，共擔可在一定程度上化解危機時期的離心現象，有利於留住核心人才，激發奮鬥精神。

連結 1-2　阿里巴巴、萬科、華為的合夥人共擔機制

阿里巴巴、萬科、華為都希望建立一支共擔責任、共享價值的團隊。阿里巴巴要求候選人在任命前，須擁有一定的公司股份。從某人成為合夥人之日起三年內，其必須至少保留成為合夥人時所持股權（包括可行權股票和不可行權股票）的60%。三年之後，如果其仍是合夥人，其必須至少保留成為合夥人時所持股權（包括可行權股票和不可行權股票）的40%。萬科強調事業合夥人要與股東捆綁在一起，共同持有萬科股票，共擔風險。在合夥制管理設計上，公司高管被要求出資額不得低於一定數額，以確保高管階層和公司發展利益的綁定。在項目跟投制度中，萬科要求項目所在一線公司管理層和該項目管理人員必須跟投，其他員工自願參與。華為員工的收入結構包括工資、獎金和股票三部分，大體各占1/3。職級越高，股票部分的占比就越大。華為要求員工出資（年終獎金和貸款）購買股票，從而形成利益綁定。為了形成「共擔」，在三個公司的事業合夥人評價機制裡，態度、價值、責任心的評價置於最前。不管是叫價值觀評價，還是叫責任心評價，或者是態度評價，三個公司的評價內核是相同的，是要看你這個人，是不是符合我們這個團體宗旨、目標、追求。

3. 共創

在今天這個互聯網時代，信息更新的速度非常快，任何一個團隊想走得更遠、飛得更高，都必須通過聯合合作和共同入股的方式，一起創業、經營企業。

隨著創業環境的競爭越來越激烈，外包模式、加盟模式已經不能再發揮原來的積極作用了，基於共創價值特徵的合夥制管理模式開始越來越受到重視。該模式強調團隊能力，充分發揮每個人的能力，以形成一種互補

性的智慧。這有利於克服「專業主義的迷信」。合夥制管理不僅僅是分配問題或激勵問題，它實際上是一個企業真正形成價值創造、價值評價、價值分配的有機循環過程，是持續創造價值的一種奮鬥精神。當合夥人不再奮鬥時，可能要依據貢獻大小實現動態調整或退出。

連結 1-3　華為公司的持續奮鬥機制[①]

華為強調勞動雇傭資本，明確強調不以股東利益最大化為目標，堅持以客戶利益為核心，驅動員工努力奮鬥。華為堅持不上市，這是由於華為始終警惕資本從工具走向目的的異化。華為有著對資本天然的警覺性。華為所謂的老板只占公司約1%的股份，其餘的大多數留給了奮鬥者、貢獻者。概括地說，華為泛分享化的激勵機制也是在迭代發展的。最初的主流分享機制就是虛擬股權，這實際上是一種準權益化的利潤分享機制。後來，當虛擬股權越來越多以後，內部也會產生權益性收入過高的「食利」階層。為了激勵骨幹們持續奮鬥，華為對分享制進行了修正，比如強調受限性和飽和配股制。華為還實行獲取分享制，即減少股東每年分享的利潤，把每年創造的大量利潤收益，以獎金利潤分享的方式，分享給當年創造價值的人，規定股東每年只能分享利潤的25%，另外75%要通過獎金分享給當年創造價值的人。這就激勵了更多的人，員工必須在當年創造高價值，不能只靠股權獲取收益。實際上，華為這套機制就是在激勵人持續不斷的奮鬥。員工只有持續為企業做出貢獻才能獲得企業的價值。雖然任正非個人的股份只占1.24%，但某種意義上他是100%「控股」，因為大家拿的都是虛擬股權。這實際上是老板讓渡了個人利益，但對公司是100%控制。另外，華為通過獲取分享制，承認現實和未來的貢獻，不承認過去的

[①] 彭劍鋒. 馬雲、任正非、雷軍等大佬如何玩轉「合夥人」？[EB/OL]. [2017-06-13]. http://www.sohu.com/a/148617658_163648.

貢獻。華為現在實行的獲取分享制，不斷激勵著員工不斷去奮鬥。這種機制也可稱為持續奮鬥機制，你只有持續貢獻、奮鬥，你才能獲得分享。

4. 共享

共享不僅僅是利益共享，更重要的是信息共享、資源共享與智慧共享等，並形成良性的生態環境共享體系。當然，公司治理的核心目標依然是股東價值最大化。合夥人的利益是劣後分配的，即充分保證物質資本利益的條件下，賦予合夥人決策參與權以及剩餘價值分配權。當然，若沒有利益共享作前提，合夥制很難形成。合夥制管理堅持「誰貢獻、誰分享」的開放式原則，不讓合夥人變成坐享其成的「蹺腳老板」。

連結1-4　沃爾瑪公司的分享計劃[①]

沃爾瑪公司不把員工視為雇員，而是合夥人。沃爾瑪通過利潤分享計劃和員工購股計劃，建立了員工和企業的合夥關係，使員工感到公司是自己的，收入多少取決於自己的努力，因此會關心企業的發展，加倍努力地工作。沃爾瑪的固定工資基本上處於行業較低的水準，但是其利潤分享計劃、員工購股計劃、損耗獎勵計劃在整個工資制度中起著舉足輕重的作用。各計劃的具體內容如下所示：

①利潤分享計劃。凡是加入公司一年以上，每年工作時數不低於一定小時的所有員工，都有權分享公司的一部分利潤。公司根據利潤情況按員工工薪的一定百分比提留，一般為6%。提留後的部分用於購買公司股票，由於公司股票價值隨著業績的成長而提升，當員工離開公司或退休時就可以得到一筆數目可觀的現金或公司股票。一位1972年加入沃爾瑪的貨車司機，在離開時（1992年）得到了70.7萬元的利潤分享金。

[①] 佚名.世界性連鎖企業沃爾瑪集團——它的合夥人制度[EB/OL].[2017-12-11]. http://3g.163.com/dy/article/D5C60AU40519R2KR.html.

②員工購股計劃。本著自願的原則，員工可以購買公司的股票，並享有比市價低15%的折扣，可以交現金，也可以用工資抵扣。目前，沃爾瑪80%的員工都享有公司的股票，真正成了公司的股東，其中有些成為百萬甚至千萬富翁。

③損耗獎勵計劃。店鋪因減少損耗而獲得的盈利，公司與員工一同分享。

④其他福利計劃。沃爾瑪建立了員工疾病信託基金，設立了員工子女獎學金。從1988年開始，沃爾瑪每年資助100名沃爾瑪員工的孩子上大學，每人每年6,000美元，連續資助4年。

（二）合夥制的商業文明特徵[①]

1. 戰略文明

合夥制管理應秉承戰略生態理念，建立生態優勢。在新經濟時代，企業的內在戰略驅動力不能停留在低勞動成本優勢，必須走向創新與人力資本驅動。企業要逐步從單一的競爭戰略觀走向生態戰略觀，打造核心能力優勢。在合夥制管理模式下，企業組織邊界、組織生存環境、組織和人之間的關係、組織形態都發生了變化，企業擁有更廣泛的網絡連接及產業生態、更強的文化紐帶以及更長期的事業承諾等等。

2. 業務與決策文明

合夥制管理強調以客戶為中心、開放合作與價值共享。公司的業務體系必須真正做到以客戶為中心，建立與客戶之間的合作與聯盟契約關係。在公司決策機制上，物質資本和人力資本是對等的治理關係。傳統的委託代理契約要轉型為合夥契約，人力資本參與企業經營決策，並擁有一定的

---

① 周禹. 新合夥主義管理論：共生共享時代的企業制度升級[J]. 中國人力資源開發，2016(24)：30-38.

話語權。

3. 組織文明

在合夥制管理下，組織變得越來越生態化，企業內部擁有更大的自主驅動力、更大的權責下沉、更多的群眾參與。企業成為真正面向客戶的敏捷化、扁平化、網絡化、平臺化組織，形成「自下而上」的協同機制，尊重和承認個體價值創造的力量和活力。企業內部規範從過去的剛性管理走向柔性協同；從有序規劃轉型到混序創新，充分發揮每個合夥人的內在的潛能和創造力。

4. 雇傭文明

雇傭文明，即尊重個體力量，從雇傭關係走向合作關係，並通過人才個體的連接和交互產生疊加的能量。誕生於工業文明時期的科學管理理論，按照分工體系來假設組織和人之間的關係，把人力資源等同於土地、設備等要素，依附於企業組織而存在。在合夥制管理機制下，企業要去中心化、去權威化，從雇傭關係走向合作關係，從管理控制走向授權賦權，從過去簡單的工作契約走向承諾契約，從過去的薪酬分配走向權益分享，從過去的績效優先走向工作生活的相對平衡。

（三）合夥制管理的動態性

動態性是指合夥制管理一定要有聚散機制與分層性。合夥人團隊具備新陳代謝能力，合夥人團隊能夠吐故納新，讓團隊經營管理始終符合市場發展要求，目的是保障以市場為導向的經營能力。同時，合夥人的利益機制及其剩餘價值的索取權和話語權，不是終身的，也不是全程的。分層性是指合夥人可能分佈在企業的各個層級，如集團層面、事業層面、項目層面與事件層面。因此，合夥制的分層性與動態性才能真正體現人力資本價值，實現人力資本價值最大化。

連結 1-5　海爾的自組織式動態合夥制[1]

海爾提出「按單聚散人」和「創業人員無邊界」的動態合夥制。張瑞敏在一次講話中說到，「按單聚散人，主要是要求自驅力。創造用戶價值的目標能不能完成？你若能，就可以來幹；不能，那就讓別人來幹」。傳統企業是按人訂單。若這個人很聰明，企業就不能讓他離開；若這個人能力有限，那就按這個能力給他制定一個目標。現在，企業是按單聚散人。這是因為現在每個人都是創客，都要跟投創業。如果有外部的風投來投資，就要跟著投資，這樣大家的利益就綁在一起了。

（四）合夥制管理的自組織性

自組織的三個最核心的要素是共治、共創與共享。共治，是指每個個體都有與經營方等同的決策機會和權力。共創，是指人人都是價值創造者，人人都可能變成價值創造的中心。共享，指出自組織更強調利益分享，更強調構建利益共同體。自組織打破了固有權威體系，使決策機制變為自下而上。過去企業的權威是自上而下的權威，現在是一種自下往上的權威。自組織的權威來自分佈式、多層次的權威。企業內部由過去單一的、自上而下的行政命令權威轉變為多元的、縱橫交錯的權威體系，這就是共同治理。

連結 1-6　海爾的自組織管理[2]

為了實現小微生態圈與企業的共治、共創、共享，海爾將一直攥在總部手裡的三權——決策權、分配權、用人權，徹底讓渡給小微企業，使它能成為一個獨立的企業。這也使海爾的治理結構從串聯變成並聯，把原來

---

[1] 彭劍鋒.「動態合夥人制」：集權管理模式的終結者？［EB/OL］.［2016-02-01］. http://www.sohu.com/a/57443184_343325.

[2] 彭劍鋒.「動態合夥人制」：集權管理模式的終結者？［EB/OL］.［2016-02-01］. http://www.sohu.com/a/57443184_343325.

的有層級有邊界的正三角組織變成一個生態圈。公司讓渡權利，不是完全授權，而是從過去的股東價值優先，走向了員工價值優先。人人成為價值創造的中心，人人能參與企業的決策。只有每個員工都是一個決策者、參與治理，企業才能實現共治，達到共贏，最後實現共享。

要實現共治，首先是要讓渡三種權利：①決策權，讓小微企業根據瞬息萬變的市場做出及時的決策；②用人權，讓「圈主」決定圈內人員的去留；③分配權，讓小微生態圈有機會與企業一同分享超過正常價值的增值部分，實現與企業的共享。三權讓渡，實現了「從企業家的企業到企業的企業家」的轉變。過去靠老板的智慧，現在靠群體的智慧。這也是整個企業領導力問題的一大轉變。

三、合夥人的成長模式

(一) 內部生態模式

在內部生態模式下，合夥人經營者來自內部員工，公司面向員工搭建企業開放式創新平臺。該平臺旨在改變原有的崗位付薪制，開放部分企業資源，讓前線「聽得見炮聲」的員工有權自發地組成小團隊去實踐創新項目與創造價值。這也使得大體量的傳統企業在做產品設計與市場決策時可以擁有小企業一般的洞察力與敏捷性，比如韓都衣舍、永輝、海爾集團公司等。

連結1-7 內部生態模式案例[①]

韓都衣舍是一家服裝電商企業，依託全程數據化和精細化的營運管理

---

① 夏鶯鳴. 合夥機制不僅僅是一種激勵機制，更是一種商業模式創新 [EB/OL]. [2017-11-09]. http://www.sohu.com/a/203225843_343325；夏鶯鳴. 與業務模式緊密結合的合夥人機制是什麼樣的？ [EB/OL]. [2018-06-08]. http://www.sohu.com/a/234534634_460374；佚名. 平臺型生態體系解析 [EB/OL]. [2016-02-24]. http://www.woshipm.com/operate/287547.html.

體系，形成了一個個產品小組。每一個產品小組都是一個獨立經營體，負責單品的設計、製造和銷售，配以企劃、拍圖、客服、物流、售後等相關業務環節的協同，進行產品小組的獨立經營、獨立核算，並根據經營業績進行分享。

2017年10月，永輝進行了第三次組織變革，將原來生鮮與加工、食品與用品、服裝三大事業部改為多商行營運模式，將原事業部按照品類細分為各類小組的獨立經營體——「商行」，構建了「大平臺+小前端+富生態+共治理」的生態型組織，專注各個品類，將採購與經營合一，將經營權逐漸下沉，以貼近市場、激活經營單元。

海爾把公司部分內部資本、資源與業務鏈支撐作為有吸引力的平臺入口，把其線上的全員創客平臺與組織上的小微管理模式作為有力的協作支撐，將公司打造成一個投資管理平臺。海爾將企業決策層的定位從管理者轉變為項目投資人與資源支持者。其一線員工直接面對市場終端需求，提報具有市場前景的內部創業項目，倒逼企業提供支持資源。

（二）外部生態模式

在外部生態模式下，合夥人經營者來自外部，公司面向外部合作方搭建一個開放式的協同平臺，並將其融入公司平臺中。例如，公司以自身的品牌、渠道或互補產品等作為平臺的引力入口，借助成熟的Web2.0技術搭建線上開放式協作平臺，以期最大限度地提升外部合作效率、發揮規模效應，與合作夥伴間形成多邊的產品增值。代表性企業有溫氏集團、OPPO和vivo、7-ELEVEN、農村淘寶、中環互聯與美國蘋果公司等。

連結1-8　外部生態模式案例[①]

溫氏集團為56,000個合夥人提供了一套基於互聯網的管理平臺,幫助各合夥人共享一個事業平臺,將公司外的合夥人緊密地融入自己的價值鏈裡,並實現了輕資產化。公司負責育種、孵化、飼料、養殖技術服務及銷售等環節;各合夥人擁有家庭農場產權,並負責投資、養殖等。這種經營模式實現了共識共擔、齊創共享,既獲得了大企業的規模與協同效應,又獲得了小企業的活力與效率。

OPPO和vivo建立了合夥機制,把25萬個門店統一到一個信息平臺,連接到一起,也實現了輕資產、規模化營運、平臺化管理。25萬個門店都是合夥人自己投資,大家共享一個品牌、一個平臺、一套管理體系。

7-ELEVEN雖然沒有自己的實體店,也沒有自己的工廠和物流中心,不賺中間差價,也不購買任何一家公司的股份,卻在其品牌下創建了一個賦能型的共享經濟體,把日本國內的19,000多個小微型夫妻零售店、175個工廠、140多個物流配送中心構建成了一個開放型的生態體系,通過這個「產業路由器」實現了多方連接。

農村淘寶採用了「平臺+合夥人經營體」的業務模式,在村裡設立線下商品店。這些小商店採取合夥制管理,合夥人負責選址、物業承租、樣品採購、銷售等,並解決村民的線上選貨、比價、下單、付款等問題。

中環互聯是一家發跡於南昌的房地產仲介公司,其經營模式不同於傳統仲介公司的直營店模式,而是採用了「加盟體制、直營管理」模式,即所有的門店均為加盟制,每一個店長都是公司的合夥人,每個城市的公司都是獨立公司,城市經營團隊佔有城市公司股權。在管理上,形成了以交

---

① 夏驚鳴.與業務模式緊密結合的合夥人機制是什麼樣的?[EB/OL].[2018-06-08].http://www.sohu.com/a/234534634_460374;佚名.平臺型生態體系解析[EB/OL].[2016-02-24].http://www.woshipm.com/operate/287547.html.

易管理、行銷管理和行政人力資源管理為平臺的「門店—城市公司」分級合夥的「平臺+分佈式合夥人經營體」的生態模式。各個門店負責房源的獲取以及交易的達成。門店在達成交易後，通過每個城市公司設置的交易管理平臺統一進行合同簽訂、貸款、稅收和過戶等工作。城市公司還設有行銷賦能平臺和行政人力資源平臺等。

蘋果公司的 App store 的核心服務對象是手機 App 的軟件開發商。飽受追捧的蘋果移動智能終端 App store 作為手機 App 的互補產品，為該平臺的流量帶來極強的吸引力。24 小時的產品提交支持、快捷及時的產品審核機制與富有吸引力的軟件收益分成共同構成了該平臺流量高速增長的有力支撐。未來，企業在生產領域也可趁工業 4.0 之東風，與合作夥伴以平臺化的模式實現高效的資源配置與生產協同。同時，企業還可以借助平臺實現與合作夥伴間的交叉兌價，將產品利潤部分轉移至合作方收費，以實現其核心產品在市場上的相對競爭優勢。

(三) 開放生態模式

在開放生態模式下，合夥人經營者可以與其他公司平臺合作，形成企業內部價值鏈的生態體系。例如，資本型平臺投資人與員工創新平臺合作的「創客」間，可以實現內外部便捷的、自發的、廣泛的聯繫與協作，逐漸形成一個以投資創業為核心，依託於虛擬市場的開放式產業生態，比如小米、英特爾、騰訊與森馬等。

連結 1-9　開放生態模式案例[①]

小米運用互聯網思維，通過讓粉絲參與設計的方式形成社區，並通過手機形成品牌影響力和電商入口平臺。這是小米生態鏈公司的基礎。小米

---

① 佚名. 解碼森馬集團轉型之路 員工成合夥人激發創新活力 [EB/OL]. [2018-04-21]. http://news.66wz.com/system/2018/04/21/105077957.shtml；夏驚鳴. 與業務模式緊密結合的合夥人機制是什麼樣的？ [EB/OL]. [2018-06-08]. http://www.sohu.com/a/234534634_460274.

通過生態鏈公司對外投資，整合了外部企業家資源和創新資源，基於客戶痛點進行產品創新，並通過小米電商銷售，最終形成了「技術＋產品＋投資＋零售」的複合生態體。另外，小米也上線了與 App store 類似的小米商城，以更高效地吸引、整合多方合作企業的互補資源。該商城為合作方提供了開放式的軟件行銷渠道，合作方生產的與小米手機配套互補的硬件設施，如音響手環等也可作為「小米生態產品」在其商城上販售。如此，小米通過其手機硬件、線上用戶社群實現了潛在用戶向手機商城（C 端）的引流與集聚；然後通過手機商城（B 端）對自身與合作夥伴產品的統一推廣銷售，形成了一個完善的價值鏈閉環。這也是一個把企業一步步帶向卓越的正反饋循環。

英特爾在開發 CPU 芯片時，為了提升芯片銷量和真正提高產品性能，整合 IBM、微軟、惠普等公司開發總線，並形成共享的軟件開發平臺，如發布了 HTML5 的開發環境，其中包括英特爾 XDK、應用開發中心和 HTML5 應用移植工具。英特爾提供了從前端到後端、集成的跨平臺開發環境，讓開發者可以在 HTML5 專區免費獲得英特爾 HTML5 開發環境，開發完成後可將應用軟件部署到多種平臺上，形成了開放型的生態體系。

騰訊的兩大產品接入平臺是微信和 QQ，以其產品的高覆蓋率。騰訊通過微信、QQ 即時通信、騰訊網、騰訊視頻、QQ 音樂、QQ 空間、QQ 郵箱等多款產品，到達客戶端。同時，微信又通過小程序開發將線下服務連接到線上，讓用戶可以通過微信快速找到相應的線下服務。騰訊通過產品用戶數據、支付數據、合作電商數據、平臺數據等，為產業鏈上下游（包括開發者、用戶、合作夥伴、政府單位、社會力量等）提供數據延伸服務，提高產業協同效率，更好地服務於整個產業生態體系。

森馬集團的「創業合夥人制」助推其平臺化轉型。2016 年，森馬提出了構建森馬大平臺的實施路徑，就是把森馬打造成全員創業的平臺、資本

營運的平臺、產業孵化的平臺、多品牌繁榮的平臺和開放共贏的平臺。「創業合夥人制」讓森馬內部有激情、有夢想的員工在森馬的平臺上直接創業，做自己事業的 CEO。為此，森馬創建了合夥製品牌「馬卡樂」。馬卡樂創業項目的商業計劃首次吸引 91 人參投，總投資金額 1,550 萬元。創業者只有在公司內部的創業大賽上爭取到足夠多的投資者的信任和支持，其創業項目才可以得到通過。通過這樣的管理方式，森馬實現了對項目的優劣甄別，從源頭上降低了內部創業的風險。截至 2017 年年底，馬卡樂店鋪總數達到 306 家，順利實現盈利，該品牌在 2017 年實現終端銷售 2.52 億元。馬卡樂項目的成功驗證了森馬「創業合夥人制」強大的生命力和活力。「創業合夥人機制」有項目大開放、股權大開放、合夥主體大開放的特點，不僅是針對森馬內部員工、上下游合作夥伴，同時還向社會開放。森馬歡迎有激情、有專業、有能力、有資源、有技術、有項目的精英，以合夥人的形式來加盟森馬事業平臺。目前，森馬已創辦 11 個創業合夥人項目，使 600 多位員工成為股東，並面向全體員工成立了 10 億元平臺創業發展基金。未來，森馬將繼續鞏固這一戰略，實施多品牌發展戰略、努力發展供應鏈金融、推出定向發展產業基金。

四、如何建立合夥人保障機制

合夥制管理面臨的一個重大風險是合夥人團隊的權力濫用。這會損害股東及利益相關者權益。如果缺乏可靠的保障機制，可能會殃及整個公司的穩定與發展。為此，公司必須明晰合夥人的責、權、利邊界，建立合夥人的進入與退出機制、考核激勵機制以及晉升發展機制。

（一）合夥人進入與退出機制

合夥制管理的首要機制就是合夥人進入機制，即企業必須建立清晰、明確、規範的合夥人進入機制。沒有清晰的進入流程和標準，很難選出優

秀的合夥人。公司須構建合夥人委員會並建立考核標準。合夥人委員會參與合夥人的選拔、提名與考察。

合夥制崇尚奮鬥精神，公司要想建立起以奮鬥者為本的文化，就必須要有合夥人的退出機制，即合夥人身分不是一勞永逸的，否則就會形成公司的食利階層。在合夥人的退出方面，公司在制度上必須嚴格把關。企業依據貢獻實現動態合夥。當合夥人不能為企業做出貢獻，或者貢獻越來越小的時候，合夥機制要對其進行動態調整。已退出的合夥人想再成為合夥人，還必須按照進入機制重新參與選拔。

（二）合夥人考核與激勵機制

公司對合夥人必須有嚴格的考核制度。合夥人對公司的文化、業績負責的。如果沒有相應的考核機制，合夥人很容易成為公司的食利階層。合夥人考核是一個動態的考核，包括奮鬥者提名、預備期、考察期等各個階段的考核機制。如果沒有達到考核的標準，就不可能成為真正的合夥人。

對合夥人團隊，必須有清晰的獎罰制度。合夥人代表公司的先進文化、先進生產力、正能量，對合夥人必須有明確的獎罰。如果沒有嚴明的組織紀律，公司很難構建起奮鬥者為本的文化。強調合夥人的獎罰機制，可消滅那些食利階層。基於對人力資本價值貢獻的認可，合夥人可以在企業內享有各種權利，但是當合夥人不再為組織貢獻的時候，就不應該再享有相應的權利。

（三）合夥人晉升發展機制

合夥人必須從奮鬥者中產生，奮鬥者必須從優秀的員工中產生。企業通過這樣立體生態的發展方式，在內部形成員工的自我驅動力。管理就是要建立階梯，這個階梯是動力的階梯、員工發展慾望的階梯，讓每一個層級的員工都有自我動力。

連結 1-10　愛爾眼科的合夥制度設計①

愛爾眼科的合夥人計劃是指符合一定資格的核心技術人才與核心管理人才（下稱核心人才），作為合夥人股東與愛爾眼科醫院集團股份有限公司（下稱愛爾眼科）共同投資設立新醫院（含新設、併購及擴建）的計劃。在新醫院達到一定盈利水準後，愛爾眼科依照相關證券法律、法規，通過發行股份、支付現金或兩者結合等方式，以公允價格收購合夥人持有的醫院股權。

1. 合夥人的資格認定

（1）對新醫院發展具有較大支持作用的上級醫院核心人才；

（2）新醫院（含地州市級醫院、縣級醫院、門診部、視光中心）的核心人才；

（3）公司認為有必要納入計劃及未來擬引進的重要人才；

（4）公司總部、大區、省區的核心人才。

2. 方案實施

為確保計劃管理到位、推進有序、激勵有效，愛爾眼科總部設立合夥人計劃領導小組，由董事長擔任組長，總經理擔任副組長，相關高級管理人員與職能部門負責人作為小組成員。其主要職能是：制訂計劃的實施細則及實施進度，審批、督導各省區的計劃方案。

各省區成立計劃實施小組，負責擬訂並實施本省計劃方案，對合夥人履職情況進行動態考核。合夥企業對某新醫院的出資規模確定後，按照「風險共擔、利益共享、公平合理、重點突出」的指導思想，對各合夥人的出資額度進行分配。合夥人在各自額度內認繳出資。在設立地級醫院時，省區醫院及總部的合夥人按照各地級市新醫院的投資進度分期出資，

---

① 佚名. 愛爾眼科醫院集團股份有限公司的「合夥人計劃」[EB/OL].［2014-04-08］. http://www.cfi.net.cn/p20140408001430.html.

地級市醫院的合夥人在各自所在醫院設立時一次性出資到位。

在設立縣級醫院（含門診部、視光診所）時，地級市醫院的合夥人按照各縣級新醫院的投資進度分期出資到位，縣級市醫院合夥人在所在醫院註冊成立時一次性出資到位。

合夥企業經營期限一般為3~5年。若因項目實際需要，可延長或縮短經營期限。為了體現愛爾眼科對合夥企業的支持，對合夥企業不收取管理費。合夥企業在取得收益並扣除各項營運成本、費用後，按照各合夥人的出資比例分配利潤。

在合夥企業存續期間，若發生合夥人離職、被辭退或開除等情形，其所持合夥企業權益必須全部轉讓。合夥人在公司任職期間，有權轉讓其部分或全部合夥權益。合夥人在出現退休、喪失工作能力或死亡等情形時，其合夥權益可以轉讓，也可以由親屬承繼。在上述情況下，全體合夥人一致同意：合夥權益的受讓人僅限於普通合夥人及其同意的受讓人（現任或擬任合夥人）。

人才是醫療服務行業持續發展最關鍵的推動力。愛爾眼科的合夥人計劃以股權為紐帶、以長期激勵為導向，不僅有效提高了現有核心人才的積極性，而且有助於引進大批發展所需的人才，從而佔據更多行業核心資源，為愛爾眼科加快發展提供有力的人才保障，使其在市場競爭中實現戰略制勝。

愛爾眼科的合夥人計劃的實質是「公司搭臺、骨幹唱戲，資源共享、高效激勵」。愛爾眼科作為一家生態化的社會企業，既要動態優化管理流程，使日益擴大的全國網絡成為醫生多點執業的創業平臺，更要形成正向積極的企業文化和動力機制，鼓勵員工與公司長期共同發展。愛爾眼科借鑑國際先進經驗、結合中國國情和政策趨勢，在中國醫療行業首創實施「合夥人計劃」，從根本上激發核心骨幹的創造力和能動性，使大量新醫院盡早盈利、長足發展，推動公司規模與效益同步提高。

第三節　合夥制管理的常見運行模式

　　各大公司的合夥制管理的治理模式與激勵模式較為成熟。根據治理模式的運行特徵，可大致歸納為控制型合夥人、事業合夥人、創業合夥人、業務合夥人、複合型合夥人等幾種合夥人。根據激勵模式的運行特徵，可大致歸納為虛擬股模式、增量分紅模式、風險投資模式、內部交易模式、項目跟投合夥模式、實股註冊模式等幾種模式。具體情況如表1-1所示。

表 1-1　　　　　　　　　合夥制管理的常見運行模式

常見運行模式	類別	代表性公司
治理模式	控制型合夥人治理模式：掌握控制權，使企業文化得以傳承	阿里巴巴、綠地
	事業合夥人治理模式：解決業務交易與治理交易關係之間的問題	萬科、王府井、蘇寧雲商
	創業合夥人治理模式：公司內部的人才以企業為平臺進行創業	海爾、韓都衣舍
	複合型合夥人治理模式：通過橫向、縱向的合夥制管理構成了可以彼此賦能的生態產業組織	復星集團
激勵模式	虛擬股激勵模式	華為
	增量分紅激勵模式	永輝超市
	風險投資激勵模式	海爾
	內部交易激勵模式	拉夏貝爾
	項目跟投合夥激勵模式	碧桂園、萬科
	創業激勵模式	芬尼克茲

一、合夥制管理的治理模式

(一) 控制型合夥人治理模式

合夥人在資本與情懷的博弈中扮演的角色至關重要。通過長期合夥合約對短期僱傭合約的替代，公司的經營權與控制權更加集中地被合夥人團隊掌握。例如，阿里巴巴 2014 年在美國上市採用的合夥人制度成為「不平等投票權」控制權安排模式的新典範。持股比例遠遠低於軟銀和雅虎的馬雲通過合夥人制度實現了對阿里巴巴的實際控制。

連結 1-11　阿里巴巴為什麼推出合夥制[①]

阿里巴巴集團多次與香港監管機構探討，如何把他們的管理創新和資本市場的有效治理對接。阿里巴巴提出了合夥人的公司治理機制，這個機制能夠使阿里巴巴的合夥人——即公司業務的核心管理者，擁有較大的戰略決策權，減少資本市場短期波動影響，從而確保客戶、公司以及所有股東的長期利益。

阿里巴巴集團堅持這種合夥人的治理結構的理由是：

(1) 首要目標是保證公司的文化傳承。「讓天下沒有難做的生意」，努力幫助創業者和小企業去成功。明確的使命、對長期目標的追求，以及對價值觀的堅持，才真正定義了「阿里巴巴文化」。

(2) 不少優秀的公司在創始人離開後，迅速衰落，但同樣也有不少成功的創始人犯下致命的錯誤。公司擬用合夥人取代創始人，因為一群志同道合的合夥人，比一兩個創始人更有可能把優秀的文化持久地傳承、發揚。

---

① 王可心．阿里巴巴蔡崇信發文：香港應探討創新監管環境 [EB/OL]．[2013-09-26]．http://tech.qq.com/a/20130926/017818.htm．

（3）合夥人是平等的，他們會擯棄官僚作風和等級制度，而通過合作解決問題。合夥人不僅僅是管理者，同時也是企業的擁有者，有著極強的責任感。合夥制通過每年接納新的合夥人，注入新鮮血液，不斷煥發活力。通過這個機制，阿里巴巴可以保持持續的創新、不斷地提升其人才力量。

（二）平臺型合夥人治理模式

我們不要職業經理人，只要事業合夥人。

——孟祥勝（蘇寧雲商集團副總裁）

平臺型合夥人治理模式的特點是打破企業內部縱向決策、橫向分工的組織體系，由公司建立支持平臺，在平臺上以合夥人牽頭組建業務團隊。各業務團隊獨立決策、自負盈虧，合夥人對項目有充分決策權，享有相當的項目收益，因此工作積極性高，歸屬感強；公司的角色由領導者變成支持者和輔助者，為各業務團隊提供技術、人事、生產資料等支持，讓人才以公司為平臺內部創業。平臺型合夥人治理模式又可分為以下幾種類型：

1. 事業合夥人治理模式

事業合夥人的治理模式實際上是以人力資本為紐帶的合夥人治理模式，致力於讓人力資本擁有更多的剩餘價值索取權與經營決策話語權，淡化「職業經理人」為股東打工的理念，重構了組織與人、物質資本與人力資本的合作夥伴關係。事業合夥人治理模式不僅僅是一種治理與激勵手段，還涉及了企業戰略創新、公司治理結構優化、組織與人的關係重構等問題。

事業合夥一般可以分為三類：①項目跟投型。公司拿出一項業務、產品、項目、區域（單店）等可獨立核算的經營體與參與該經營體營運的員工共同投資、共同經營、共擔風險與共享利潤，如萬科的項目跟投、連鎖企業的單店員工入股。②持股計劃型。一般員工或管理人員可以購買公司股票（普通股、虛擬股、期權等）。例如華為的內部員工持股計劃，公司

全體合夥人出資認購公司整體的虛擬股份，其虛擬股份對應整體經營盈利情況，並根據公司整體盈利狀況進行分紅、承擔風險。③生態鏈合夥型。它不僅涉及公司與內部人員、產業鏈上下游的業務交易關係，還涉及與外部第三方跟投、持股者的治理關係。

連結1-12　萬科集團案例①

萬科集團是目前中國最大的專業住宅開發企業，也是地產藍籌股的代表。2017年，萬科集團營業收入為2,429億元，實現淨利潤為280億元。萬科的物業服務已覆蓋中國主要大中城市。萬科講究資金密集、科層結構、專業主義以及精細管理。

（一）萬科事業合夥制管理的產生背景

隨著公司規模的快速擴大，職業經理人制度的弊端不斷出現：KPI導向使得職業經理人習慣「賺快錢」、過度的專業主義而忽略問題本身、職業經理的「天花板」問題、戰略轉型相關的業務部門在原有制度下獎金最少，甚至出現了面對面坐著卻要通過工作郵件的形式進行溝通等。2010—2012年，萬科高管大量出走。三年間，大約有一半執行副總裁以及很多的中層管理人員離開，甚至還引發了關於萬科「中年危機」的大討論。在這個背景下，萬科擬通過合夥制度，來重新界定公司與員工的關係，防止優秀人才的過度流失。為此，萬科首創了「事業合夥人」一詞，它也是中國標桿企業中建設合夥制的代表性企業之一。我們常說，當中國的大多數企業還在從官僚化企業或家族化企業向職業化企業升級的過程中，萬科已經開始從其成熟的職業經理人體制向事業合夥人體制進行制度創新實踐的再升級，並成為引領大型公司向合夥制優勢轉型的標桿。萬科事業合夥制度

---

①　中國房地產業協會. 萬科合夥人制度5個要點［EB/OL］.［2014-10-29］. http://www.fangchan.com/news/128/2014-10-29/376290.html；佚名.「人才打劫」的年代，向萬科、阿里巴巴學習合夥人制［EB/OL］.［2017-12-01］. http://www.sohu.com/a/207904827_618578.

的實踐，不是對職業經理人制度的某種顛覆，而恰恰是建立在其具備高度職業自律能力、優秀事業自驅能力、卓越經營自理能力的基礎上，並在其具備有著健康陽光文化和規則制度理性的優秀職業經理人體制的制度前提下，進行的一次制度再升級。用萬科董事會主席鬱亮的話說：「事業合夥人有四個特點：我們要掌握自己的命運，我們要形成背靠背的信任，我們要做大我們的事業，我們來分享我們的成就。」萬科的合夥制改革是將雇傭制下的職業經理人機制進行革新，去除雇傭制的弊端，在雇傭制共創共享的基礎上增加風險共擔，「共創、共享、共擔」成為萬科合夥制的核心。

（二）萬科事業合夥制管理方案介紹

1. 萬科事業合夥制度規劃

萬科的合夥制度採用了傳統的股東治理路線，即通過增持公司股份加強經營層控制力。萬科設計了兩個制度：一是核心骨幹員工的持股計劃；二是項目團隊的跟投制度，未來還將打造生態鏈合夥人。萬科事業合夥制度的總體規劃如表 1-2 所示。

表 1-2　　　　　　　　萬科事業合夥制度的總體規劃

類別	適用人員	主要內容
項目跟投	一線公司管理層及項目管理人員	除舊改及部分特殊項目外的所有新項目，所在一線公司管理層和該項目管理人員必須跟隨公司一起投資，公司董事、監事、高級管理人員以外的其他員工可自願參與投資。員工初始跟投份額不超過項目資金峰值的 5%
持股計劃	一定級別管理人員	公司董事、監事及高管，總部及地方公司一定級別以上的管理者參與持股計劃；高管購買有下限、雇員購買有上限；深圳盈安財務顧問企業通過證券公司的集合資產管理計劃，在 A 股市場共計購入 0.33% 的總股本
生態鏈合夥制	產業鏈上下游	施工單位等產業鏈上下游企業對參與的項目進行一定比例的跟投

核心骨幹員工的持股計劃：建立一個合夥人持股計劃，把 EP（經濟利潤）獎金獲得者轉化成為萬科集團的合夥人，共同持有萬科的股票。在該計劃下，核心骨幹員工不僅要創造真實的價值，還要跟股東的利益能夠綁在一塊。職業經理人和事業合夥人合二為一，既為股東打工也為自己打工，解決了股東與員工的激勵問題。

項目團隊的項目跟投制度：要求項目操作團隊必須跟投自己的項目，員工可以自願跟投自己的項目，也可以跟投所有的項目。在該制度下，項目所屬分公司的管理層必須跟投，直接關聯的員工必須跟投，以保證其在項目營運中「盡心盡力」，而其他不直接相關的任一員工都可以自由選擇是否跟投。

未來，萬科還將探索產業鏈的利益相關者如何成為事業合夥人，將產業鏈上下游也變成合作夥伴，建立新型房地產生態系統。如果施工單位也成為事業合夥人，偷工減料問題或許能從根源上得到杜絕。房地產本身是個資金密集型行業，如果買地時資金方面引入合夥制度，能大大減輕成本壓力。

2. 萬科事業合夥制度的目的

萬科的事業合夥制度，解決過去職業經理人時代可以共創、共享但不能共擔的問題。一旦遭遇巨大的行業風險，職業經理人難以成為公司的依靠。參考外國的成功案例，無不是通過推動職業經理人向利益相關者轉變。同時，萬科通過捆綁股權和捆綁項目的雙舉措，讓職業經理人的發展腳步真正吻合萬科的節奏。萬科實踐的事業合夥制度，主要是通過股票跟投和項目跟投的方式，實現利益的捆綁。目前，萬科正在進一步將該制度擴大化，試圖將產業鏈上下游也變成事業合作夥伴；並希望在新機制驅動下，打破原來的職業經理人的科層化、責權化和專業化的模式，去中心

化，從金字塔式的組織機構轉變為扁平化結構，實現共創、共享、共擔的分享機制與建立新型房地產生態系統，搭建平臺式架構的發展機制，真正將打工者變成自己人。

3. 基於事業合夥制管理的員工持股計劃的實施

員工持股計劃的股票來源包括非公開發行、二級市場購買、無償贈予（大股東免息借款）、定向受讓及購買對應集合資產管理計劃次級份額（集合資產管理計劃主要是為管理對應上市公司股票，其獲得方式為二級市場購買）等。萬科公司員工持股計劃的股票主要來源於二級市場購買。

2014年5月，萬科啓動事業合夥人持股計劃，包括在公司任職的全部8名董事、監事、高級管理人員在內的1,320位員工自願成為公司首批事業合夥人。事業合夥人簽署「授權委託與承諾書」，將其在公司經濟利潤獎金集體獎金帳戶中的全部權益，委託給深圳盈安財務顧問企業（簡稱「盈安合夥」）的普通合夥人進行投資管理，包括引入融資槓桿進行投資；同時承諾在集體獎金所擔負的返還公司的或有義務解除前，該部分集體獎金及衍生財產統一封閉管理，不兌付到具體個人。自2014年5月28日以來，盈安合夥通過券商集合計劃多次增持萬科A股股票，截至2014年9月23日，集合計劃共持有萬科A股股份3.59億股，平均購股價格為8.72元，投資金額31.31億元。其詳細情況見表1-3。事業合夥人持股計劃的推出，進一步強化了管理團隊與股東之間共同進退的關係，確保了事業合夥人與股東利益的一致性。2015年，事業合夥人持股計劃迎來了第二批員工的加入。按照萬科集團的計劃，事業合夥人未來總共將持有萬科10%的股票。

表 1-3　　　　　　　　　事業合夥人持股計劃的購股情況

購股時間	集合計劃購股(億股)	平均每股價格(元)	金額總(億元)
2014.5.28	0.358,39	8.38	3
2014.5.29	0.231,88	8.52	1.98
2014.5.30	0.264,76	8.55	2.26
2014.6.3	0.618,42	8.42	5.21
2014.6.4—6.12	0.400,52	8.3	3.33
2014.6.13—6.19	0.239,69	8.4	2.01
2014.6.20—8.27	0.462,99	8.83	4.09
2014.8.28—9.15	0.570,11	9.36	5.33
2014.9.16—9.23	0.443,57	9.24	4.1
合計	3.590,33	8.72	31.31

4. 基於事業合夥制管理的項目跟投制度的實施

與事業合夥人持股計劃的明顯區別在於，項目跟投制度極大地激發了萬科中層管理人員和基礎員工的參與熱情。自萬科實施跟投制度以來，萬科旗下已經有19家公司29個項目跟投。在萬科項目跟投中，有的員工一個人已經跟投了數個項目，跟投金額少則幾千元，多則數萬元乃至數十萬元。目前，萬科在集團範圍內建立起內部的項目通報平臺，任何一個地方公司若有新的可跟投項目，全公司員工均可參與該項目的跟投。這種情況下，投資週期短、回報率好的優質項目受到萬科員工的追捧。

以萬科深圳分公司為例，該公司推出了一個跟投項目——萬科第五園第五期。該項目規模不大，進展迅速，萬科內部人士都十分看好。按照公司合夥制度的規定，普通員工的跟投數額在1萬~5萬元。員工小A對項目十分看好，立即拿出5萬元跟投。不過，最終他只跟投成功不到5,000元，跟投的人太多了，認購率幾乎達到10倍。

在跟投制度下，合夥人和股東的利益一致，鑽空子、只顧眼前利益的

做法將很難存在；一線管理層和項目負責人必須強制跟投，因此在拿地上也會更加謹慎，減少盲目拿地的可能性，有利於提高項目經營效益。例如，一線總經理拿了塊地，地還沒有開發完，他就離職了。若用薪酬制度是沒辦法保證他與公司始終共擔風險的，但只要他買了這塊地，且承擔了這塊地今後經營收益的所有風險，才能促使他與公司共擔風險。通過跟投，員工成為項目合夥人，有助於形成背靠背的信任，進一步激發公司內的創業熱情和創造性，為股東創造更大的價值。同時，實施項目跟投制度後，公司治理從金字塔式的組織機構轉變為扁平化結構。合夥人享受工作收益（薪資）、項目收益（項目跟投分紅）和股權收益（股票分紅），並以此解決股東和員工的利益分配問題。

（三）治理機制的創新

1. 國企「混合所有制」創新

房地產行業本身就是一個需要高度整合的行業，是通過整合產業鏈的各相關方來實現產品和服務的一種業態。同時，合夥制也是萬科從房地產開發商向城市配套服務商戰略轉型的必然需求。此外，即使大股東是國有的，萬科一直以來都是混合所有制企業，其對原本所有權制度的優化和事業合夥制度的創新，事實上正是為國企「混合所有制」創新提供的一種探索和範例。

2. 向「小集團大事業部、平臺服務化」轉型

萬科將進一步推動組織架構變革，將集團的部分經營管理實權下放至各個大區，進一步推動和激活事業合夥制度中的責、權、利落地，推動過去的「大集團大平臺小事業部」架構向當前的「小集團大事業部、平臺服務化」轉型。作為一種管理機制的事業合夥制度，意在破除幾乎所有大企業存在的兩種詬病，即層級臃腫和部門間壁壘森嚴。在傳統金字塔架構下，大型企業的公司架構繁雜、層級不斷增加導致整個企業運作尾大不

掉。房地產企業有工程部、銷售部、材設部等部門，但它們往往有著天然的本位主義傾向，致使部門之間存在隔閡。反觀萬科，在組織架構上，它以扁平化取代傳統的金字塔式結構，這種結構既提高了工作效率，也讓組織更加貼近市場和客戶。而在部門之間的關係上，合夥制管理的實施，使得通過設置主管來實現管理和監控的需求大大減少，部門間的信息共享愈加重要，互聯網時代的信息透明特徵也為信息的快速傳遞提供了支持。

3. 建立任務導向型組織

一直以來，傳統的組織架構像一座山，彼此相鄰的兩個同事溝通一件事情要走過複雜的層級與流程，好似翻山越嶺，內部溝通成本非常高。這就需要解構組織架構，打破傳統體系的束縛，讓員工更加靈活、自由地與志同道合者共同把事業做大。因此，無論你是總監還是經理，都只代表你過去的成績。

在具體工作層面，萬科推行了所謂的「事件合夥機制」，這類似於當前 GE 的 workout 群策群力方法，阿里巴巴叫插件式團隊、即插即拔、靈活組合，海爾叫人單合一、按單聚散，國外硅谷企業叫合弄制等。各自用的詞不同，但是都旨在打破大組織裡的各種邊界，針對具體問題、專門事件、專項工作，讓人員自發、自主、自覺地跨部門組成機動團隊，聚焦攻堅、高效協同地完成任務。萬科將這樣的行動稱為「建立任務導向型組織」。萬科以項目工作為單元，圍繞項目成立專項團隊，設立激勵方案。目前，大部分公司的項目操盤手都由跟投員工來參與選聘。因為大家把錢投向了這個項目，他們會選擇自己最信任的團隊來操盤，而不再是由原來的官僚體系來論資排輩。任何員工不論職級都可以「舉手」申請成為該事件的負責人，公司氛圍從「要我做」變成「我要做」。目前，萬科大部分公司都在採用「團伙競聘」的形式解構傳統組織架構與職務體系帶來的壁壘。能者舉手上，勝則論功行賞。組織活力得到充分釋放，中基層員工的積極性普遍高漲起來。

2. 創業合夥人治理模式

創業合夥人作為公司內部創業團體，在風險可控的情況下，擁有更大的經營自主權。在創業合夥人治理模式下，公司的角色由領導者變成支持者和輔助者，為員工提供技術、人事、生產資料等支持，讓人才以公司為平臺進行內部創業。創業合夥人治理模式打破了企業內部縱向決策、橫向分工的組織體系，由公司建立支持平臺，在平臺上以合夥人牽頭建業務團隊。這些業務團隊獨立決策、自負盈虧，合夥人對項目有充分決策權，享有相當的項目收益，因此工作積極性高，歸屬感強。

連結1-13　海爾集團案例①

（一）案例介紹

2007—2009年，海爾在IBM的指導下建立起了一套集團化的管控模式。海爾組織變革的核心主線是社會分工，是專業的人做專業的事，並且要在社會分工的基礎之上實現戰略協同。所有的組織變革都是圍繞著這一主線進行的。而海爾在這個過程當中，還要把全國的生產中心全部統一為一個生產板塊，實現規模化和標準化的統一管理。同時，它對全國的銷售中心也做了統一部署。在此之前，海爾的省級公司既有自己的生產基地，也有銷售、客服、售後服務等一系列部門。而集團化管控一改原有的管理模式，對生產、銷售、客服、IT等業務系統按照「條線」進行了分工，實行了專業化管理，並在此基礎上實現了組織之間的協同。這種協同相當於把原來的「分封制」改革為「郡縣制」。它的好處在於，建立了標準化體系，實現了規模效益。標準化的體系在專業的團隊中是很容易推行的，所

---

① 佚名. 雇傭模式已成歷史，合夥人時代即將到來! 海爾如何玩轉合夥人機制［EB/OL］.［2017-11-17］. http://baijiahao.baidu.com/s? id=15842460848671923 85&wfr=spider&for=p；佚名. 阿里巴巴、海爾紛紛實施的戰略是什麼［EB/OL］.［2017-12-05］. http://www.sohu.com/a/208546624_99923394.

以效率很容易就提高了。但是，它的劣勢在於，協同的成本大大增加了。以前，生產、銷售、客服等部門之間的協同都是在區域中心的範圍內完成的，而現在則需要上升到集團層面去。因此，海爾的管理層意識到，必須要建立起一套內在的運行機制，讓協同成為員工自動自發的行為，而無須通過各級組織。這與合夥制管理的設計邏輯是一致的，即怎樣讓一線人員呼喚炮火，形成一個自動化協同系統的問題。所以，從2009年開始，張瑞敏提出建立企業自主經營體。

（二）實施方案

1. 價值創造平臺

當時，有很多人認為，海爾的自主經營體就是阿米巴，但是海爾否認了這一點。不過，二者總體的思想是一致的，都是劃小核算單元。海爾的核算單元劃小到什麼程度呢？當時，海爾劃出了468個一級經營體、12個二級經營體和1個三級經營體。在整個公司層面，最上面的是產、研、銷三大板塊，這也是第一個層級的價值創造平臺。其中，生產板塊的核算單元劃到了每一條生產線，就是說，不論產品的品種是什麼，每一天，每一條生產線的產值都要核算出來。研發的核算單元細化到產品的型號。銷售的核算單元細化到兩端，一端是行業，另一端是區域辦事處。海爾的劃小核算單元是一種特別具有代表性的變革路線。

在這種變革舉措之下，組織裡原來的一些成本中心就要被轉換成為利潤中心。業績指標、收入和利潤是很容易分解和轉化的。如今年冰箱事業部的目標（銷售收入）是100億元、彩電事業部是200億元，那麼，在生產系統，所有冰箱品類的銷售收入加總就應該是100億元，彩電所有品類的銷售收入加總就應該是200億元。它只需要按照品類分解下去就可以了。當然，生產、研發的指標也可以稍微放大，確保有一個保底的業績指標。所以，如果成本能夠核算清楚，利潤就很好核算了，大家就能夠真正從成

本中心轉變為利潤中心。但是，成本怎麼核算呢？成本核算部分有一系列詳細的內容，如採購成本、庫存計價等，甚至要細化到每一批貨的不同價格，非常複雜。這裡面還涉及技術處理的問題。把一系列的規則建立起來以後，每一個中心就成了真正的利潤中心。因此，與多層級的事業合夥人治理模式一樣，在海爾的價值創造平臺上，其生產線上的管理人員每一天都會對自己的收入和利潤進行核算。在這種體系下，管理人員一定願意生產最容易生產、費時最少、利潤率最高的產品。同理，銷售人員也一定願意銷售利潤率最高、出貨率最快的產品，但同時，他對利潤率較低的產品的銷售積極性就消失了，因為他個人的收益不是最大化的。這是這種模式的內在問題，也是海爾後來一再調整的動因之一。

2. 價值創造的輔助平臺

價值創造的輔助平臺涉及物流、採購、國際貿易、質量控制、行銷等。在此之前，海爾各單位的物流預算等不是由海爾來做的。但現在，作為海爾整體的一級價值創造平臺，它承擔了所有的物流預算、採購預算、貿易預算、市場行銷費用的預算等。所以，物流等輔助平臺公司就沒有計劃預算的任務了，只負責在總部的價值平臺上賺錢。如果輔助平臺公司的服務達不到總部的要求，也允許它向第三方採購服務。可以看到，這一整套的流程，完全是獨立化的運行方式。當然，這種所謂的收費服務並未真正發生現金流，否則會產生大量的交易成本。它是以記帳的形式來體現的。

3. 職能部門的價值衡量

在輔助平臺的下一層，是人力資源、財務、戰略等職能部門。職能部門的價值如何衡量？首先要確定職能部門的客戶是誰。比如人力部門，在我們的事業合夥人結構裡，它的客戶就是三大類人員：第一類是集團領導；第二類是下面的各個業務單元，人力部門負責為各個業務單元提供招聘、人力資源變革方案等服務；第三類是員工個人，為員工提供最基本的

人力資源保障，包括社會保險、各類證明的開具等一系列的服務。那麼，當集團公司要實現戰略牽引、風險管控的時候，應該由誰來買單呢？比如它派了一個檢查組為廣州的公司做監察、審計，是不是應該由廣州公司來買單呢？有很多公司就是這麼做的，但這是一種扭曲的做法。當三大類客戶明確了以後，職能部門的原則是為誰服務、由誰買單。這時，預算就變得簡單了。以前，人力部門的預算是由自己來做的，它根據今年的年度計劃打提報預算，經過老板審批後執行。但是這些預算事項完成以後，對公司業績的貢獻仍然是個未知數。而執行了為誰服務、由誰買單的模式以後，職能部門再為集團提供風險管控、幹部考察等服務的時候，這些服務就要由集團來買單了。

4. 平臺化企業與分佈式管理

海爾企業總部在向著資源運籌與人才整合的平臺轉型。海爾不再強調集中式的中央管控，而是通過分權、授權體系，把權力下放到最瞭解市場和客戶的地方去。海爾的配送派單由過去的雇傭制轉變為「車小微」，即員工自己購買車輛，加盟海爾的物流配送系統，每天搶單、送貨、安裝、維修，收益按比例分成。海爾原服務中心的高如強成為海爾的「車小微」後如是說：「我現在平均每天接單4～5個，加上車的成本，平均每單至少淨賺60元。買車花了20,000元，基本一個月之內把買車的投入都賺回來了。」

5. 人單合一自主經營體

以用戶為中心的人單合一模式在海爾已經推行好幾年了，並且在不斷完善中。所謂人單合一模式，就是運用會計核算體系去核算每個員工為公司創造的價值，依據員工所創造的價值來進行企業價值的分享。這種模式使海爾內部形成了無數個小的自主經營體，員工自我經營、自我驅動。海爾內部設立了專門的創業基金，並與專業投資公司合作，支持員工進行內部創業。員工只要有好主意、好點子，公司就可以給資金鼓勵他組建隊伍去創

業，而且員工可持股。海爾提出，企業與員工是利益共同體，共創價值、共享利益。員工只要超越了應為公司創造的價值，就可以分享超值的利益。

海爾的合夥制度就是內部創業，其核心是企業平臺化、員工創客化，即把大企業做小，把整個公司的經營單元拆分成更小的業務單元，將其變成一個個獨立核算、自負盈虧的業務單元。這些業務單元自己負責產品的研發、設計、生產、銷售過程。你為公司創造多少利潤，你就能分到多少錢，人單合一，人人都是 CEO，其實質是重塑人與組織的關係。如海爾的財務共享中心功能也進行了人單合一的改造，過去在業務部門提出申請後，財務部門按部就班地進行處理，而如今轉變成業務部門將需求發布到平臺，財務部門同一崗位的人員可以像滴滴打車一樣進行「搶單」，及時辦結，並獲得自己的「單酬」。

6. 倒逼理論與去中心化領導

所謂倒逼，就是讓消費者成為變革的「信號彈」，讓消費者倒逼員工轉變觀念、提升素質。而「去中心化」，就是企業不再強調「以某某為核心」，員工只是任務執行者，現在是強調「人人都是 CEO」，人人都成為自主經營體，員工也可以去做 CEO 做的事情。管理者則要從發號施令者轉變為資源的提供者和員工的服務者。

（三）海爾變革的啟示、啟發

1. 平臺與合夥制度大勢不可逆

2013 年，海爾提倡進行企業平臺化、員工創客化、用戶個性化的「三化」改革。企業平臺化是指總部不再是管控機構，而是一個平臺化的資源配置與專業服務組織。海爾還提出管理無邊界、去中心化，後端要實現模塊化、專業化，前端強調個性化、創客化。平臺與合夥制度大勢不可逆。海爾作為一家極為傳統的製造業企業，借助互聯網思維，將企業向平臺化轉變，將組織與激勵向人單合一轉變，將雇傭關係向生態圈的合夥創業者

轉變。這一變革對於一家幾萬人的製造業企業來說無疑是巨大的。海爾的變革也預示著在新的商業環境下，傳統企業向平臺化轉變、向合夥制轉變這一歷史潮流的到來。

2. 接受公司的組織「失控」與無序狀態

在海爾的變革中，海爾作為一個幾萬人的組織明確、流程嚴謹的製造業企業，逐步進入了混序甚至無序狀態，組織進入「失控」狀態。企業內部逐漸市場化且充滿自由競爭，內部員工的關係從同事變為同行、從協作變為競合。每個人自己找自己的位置與價值，前端向市場去找、後端向前端去找。

3. 用市場規則而非管理邏輯塑造企業

類似海爾這樣的大變革，其過程一定會出現無序和「失控」，很多員工會不適應，找不到人做決策和簽批，不知道自己怎麼獲取訂單，內部競爭和搶單等情況都會出現。這種「失控」是將習慣了打卡上班領工資的員工轉變為自主經營體的一個過程。在這種「亂象叢生」中會走出一批批真正適應市場、能抓住市場、有外部競爭力的團隊和經營體，最終實現轉型和成功。用管理邏輯、管理者的價值判斷來管理企業，必然會遇到市場阻礙。只有將員工放入市場，用市場規則去重塑企業，才能實現企業競爭力的增長，企業才能不被時代淘汰，永遠站在時代的風口。

4. 減少「行政干預」，平等對待合夥人

在合夥制推行的過程中，必須減少「行政干預」，實現內部市場化。員工一定是自己找位置、自己找團隊，自己找自己在大平臺中的價值點，而非人力資源部主導、安排。在這樣的雙向選擇下，不再有人會為那些對平臺、對各個合夥人團隊沒有任何價值的員工支付酬勞。對平臺和合夥人團隊沒有任何貢獻的人員一定會慢慢地找不到自己的崗位，這會實現企業的內部淨化。

3. 業務合夥人治理模式

業務合夥人應具有以下特徵：①較強的創業創新能力，能夠積極拓展新業務；②較強的組織能力，能獨當一面，擁有一個志同道合的團隊，共同為了理想而奮鬥；③具備一定的資金能力和經營能力。

以永輝、溫氏為代表的業務合夥人治理模式類似於承包制的演化，即在公司確定的業績、利潤基礎之上，對由經營團隊通過努力實現的增值部分進行利潤共享造。例如，永輝超市推行的一線員工合夥制。業務合夥人治理模式不涉及法人主體及股份身分事宜，業務合夥人可通過自己的開拓與努力實現業績與利潤，並享受分成。溫氏的合夥制管理是讓合夥人既出錢又出力，讓大家共享一個品牌、一個平臺、一套管理體系，實現規模化效益。同時，企業保證合夥人跟著干就賺錢，實現分佈式作業、自主經營、獨立核算。這種合夥制模式延伸到產業價值鏈，並打通了產業價值鏈。例如，7-ELEVEN沒有自己的實體店、工廠和物流中心，但7-ELEVEN是一個共享經濟體，通過合夥制把日本國內的19,000多個小微型夫妻零售店、175個工廠、140多個物流配送中心構建成了一個賦能型、開放型的生態體系。

連結1-14　溫氏集團案例①

(一) 溫氏集團背景

據《溫北英的伊甸園夢》一書記載，溫北英謹小慎微、低調做人、與人為善。同時，他接觸了大量儒家、佛家經典，深信「大同思想」，骨子裡又憋著一股「鄉村建設運動」的干勁。多年後，「大同思想」變成「同呼吸、共命運」的溫氏企業文化，溫北英也提出了他所理解的「全員持

---

① 佚名. 溫氏合夥人制度的威力 [EB/OL]. [2017-07-11]. http://www.sohu.com/a/156082351_758426.

股」資本治理結構。

1978 年，溫北英成為新興縣城食品廠的養雞技術員。五年後，他停薪留職，與其子溫鵬程，同宗兄弟溫木恒、溫金長、溫湛，同班同學嚴百草（又名嚴居然），縣食品公司站長梁洪初，勒竹公社黨委書記溫澤星八人各出資 1,000 元，創辦起勒竹雞場。這就是溫氏集團的前身。

在中國，最早開始全員持股制度的便是溫氏集團。因為溫北英很早就認識到人力資本的價值，提出企業發展的關鍵是人，能否強力調動各方人員的積極性是最主要的一環。他認為，必須注重人力資本，讓大家一起創造價值、一起分享。這種理念最終落實到溫氏的組織模式、管理模式、生產模式，尤其是分配機制上。在利益的分配上，溫氏集團遵循的是「首先是農戶，其次是員工，最後是股東」的原則。溫氏集團採用的保價收購政策最能體現這一點。所謂保價收購是指當市場處於低谷時期，溫氏集團堅持高於市場價收購，以保證養殖戶的合理利潤。類似事件在溫氏集團歷史上層出不窮，如 1997—1998 年發生禽流感，溫氏集團賠了 2 億多元，公司差點倒閉；2005 年，溫氏集團把養豬賺到的 44 億元中的 36 億元賠給受 H5N1 疫情影響的養雞戶；2013 年，受 H7N9 影響，溫氏集團巨虧 30 億元，但農戶損失不大。

（二）實施方案介紹

1986 年，溫北英在集團內推行了職工全員持股制，並打出了富有現代企業色彩的口號——「溫氏食品、人人有份」。全員持股的首要現實意義在於融資。1985 年，勒竹雞場種雞飼養規模仍然只有 1,000 只。為擴大養殖規模，溫北英號召雞場 30 多名員工投資入股，募集了十幾萬元資金。到 1989 年，為節約飼料物流成本，勒竹雞場開始承租、自辦飼料廠。1990 年，勒竹雞場發行內部股 1 萬股，面值 100 元；1992 年，按 370 元/股收回原股票，又發行面值 1,000 元的內部股。據此，溫氏集團在年純收入只

有數百萬元時，就形成了年產20萬噸的飼料生產規模。1994年1月，勒竹雞場啟動股改，設A、B股，每股100元。其中，A股達21萬股，共擔風險，分紅不封頂；B股達3.6萬股，養殖戶與推銷戶也可認購，月月領取紅利，並可在財務部交易轉讓。股改事成，資本已達數千萬元的溫氏集團橫空出世。隨後十多年，溫氏連續增資擴股，股東數量一度達到8,250人。

溫氏集團創立於1983年，在2016年的營業總收入達到593.6億元，同比增長23.05%；營業利潤為125億元，同比增長86.01%；歸屬於上市公司股東的淨利潤為117.9億元，同比增長89.99%。淨利潤率高達19.9%的溫氏集團有6,800多個股東。56,000多個家庭農場的加盟，也是通過合夥制度實現的。溫氏集團通過建立平臺，把56,000多個家庭農場用互聯網聯結在一起，實現了所謂的「集約化管理+分佈式作業」。

溫氏集團2016年的銷售收入約590億元，盈利約130億元，占了整個創業板20%的利潤。為什麼溫氏的利潤率能超過高科技企業？原因在於溫氏通過建立管理平臺，通過互聯網把56,000多個家庭農場聯結在一起。而這56,000多個家庭農場全是農場主自己掏錢投資，產權基本是歸農場主所有，但這些農場主共同在一個事業與管理平臺上經營與生產。這樣做的結果是什麼？第一是輕資產。如果一個企業自己投資56,000多個家庭農場，投資成本是非常高的。第二，解決了責任心的問題。農場都是在很偏僻的地方，職業經理人基本不願意去。但是如果養殖場是自己的，很多人甚至吃住都在養殖場。這解決了生產作業的責任心的問題。溫氏集團為56,000多個合夥人搭建的是一個齊創共享的事業合夥管理平臺。這些家庭農場共享一個事業平臺、一套基於互聯網的管理平臺。這套以共享事業與管理平臺為核心的合夥制，可歸納為32個字：數據上移、平臺管理、責任下沉、權力下放、獨立核算、分佈生產、共識共擔、齊創共享。

（三）案例經驗與啟示

溫氏集團首先照顧到的是農戶的利益，接下來是員工、社會，最後才是股東。雖然農戶和溫氏集團是一種合作關係，而不是一種企業管理式的關係，在某種意義上不受公司直接管理，但在整個溫氏模式中，合作農戶可以定義為公司的「員工」。而這些農戶和溫氏的關係用現在的邏輯來分析的話，就是事業合夥人。溫氏提供平臺，農戶借助平臺進行創業和發展。而對於為這些農戶提供平臺服務的員工，溫氏也給了他們充分的福利，讓每個在屬於自己位置的人都能得到應有甚至超出範圍的福利。農戶和員工滿足了自己應該有的歸屬感，自會提高生產積極性。溫氏集團與農戶形成了緊密的合作關係。溫氏所堅持的是，哪怕企業破產也要說到做到，這是絕大多數企業所無法企及的。做企業，不能過度實用主義，一切都是為了自己得利，終究還是會被看穿的。所以，在危機中溫氏員工依舊堅定信念，不拋售股權，與之合作的家庭農場、合作客戶，始終不離不棄，甚至主動籌集資金幫助集團度過過難關。員工更是主動要求減薪和緩發工資，支持企業走出低谷。

4. 複合型合夥人治理模式

企業通過橫向縱向的合夥制管理構成了可以彼此賦能的生態產業組織。複合型合夥人治理模式的代表性企業是復星集團。從縱向看，復星集團有不同層面、不同平臺的合夥人。最頂層的是復星集團的全球合夥人；第二層是投資的產業平臺、產業平臺合夥人；第三層是創業公司的合夥人，他們負責搭建小微創業平臺，讓員工從「為公司干」變成「為自己干」，激活組織戰略落地。從橫向看，有經營班子合夥人、職能部門（人力、財務、法務、風控、IT、公共事務等）合夥人、門店合夥人、買手合夥人等。

連結1-15　復星集團案例[①]

復星集團創建於1992年，是中國最大的綜合類民營企業集團，其業務涉及鋼鐵、房地產、醫藥、零售和金融服務以及戰略投資業務。其主要業務均受益於中國的城市化、巨大的人口、高增長市場及服務全球的製造業帶來的持續增長，且基本進入中國行業前列。復星集團旗下的上市公司有南鋼股份（600282. SH）、復地（2337. HK）、復星醫藥（600196. SH）、豫園商城（600655. SH）和招金（1818. HK）。復星構建的多層次合夥人模式並不是一個官僚體系，而是要求各層次的合夥人，能夠自我驅動，能夠自己閉環，利用復星的資源推進業務，要站在董事長的角度思考問題，要有全球的意識和能力。

（一）實施方案

1. 全球合夥人計劃

2012年，復星打造投資性集團公司平臺，公布新的事業合夥制度。2016年1月1日，復星集團推出了全球合夥人計劃，向首批18位全球核心管理人員（「承授人」）授出共1.11億股普通股股份購股權。為秉承復星國際有限公司，連同其附屬公司統稱為一貫倡導的企業家精神的核心價值觀，激勵本集團核心管理人員的價值創造、主動承擔及業績貢獻，持續完善多層次及長期的激勵機制，積極推動管理創新及文化傳承，復星集團決定向首批18位全球核心管理人員授出購股權。每名承授人可分三次行使購股權如下：①在授出日第五週年日至購股權屆滿失效的任何時間，首次行使最多20%購股權；②在授出日第六週年日至購股權屆滿失效的任何時間，再次行使最多30%購股權；③在授出日第七週年日至購股權屆滿失效的任何時間，行使餘下50%購股權。購股權須待承授人已達成與復星集團

[①] 於曉娜，朱麗娜. 專訪復星新生代管理層 構建多層次合夥人制度 合夥人有進有出 [EB/OL]. [2017-03-30]. http://www.21jingji.com/2017/3-30/0OMDEzODFfMTQwNTc0OQ.html.

相關的特定績效目標後才可被行使。績效目標由董事會釐定並於各承授人各自的授予信函中載明。除非已達成績效目標，否則向承授人授出的購股權將失效。

2. 合夥制管理要求

（1）復星的合夥人一定要有「自我驅動」的精神，不用揚鞭自奮蹄；要有「主動閉環」的意識，要去主動瞭解、對接復星的資源，推動協同發展。如果你作為全球合夥人，還不知道復星到底有哪些資源，肯定是不合格的。

（2）復星合夥人要從骨髓裡認同復星的文化，有大局觀，以集體利益為重。復星的全球合夥人，要能從復星的大局出發，一方面要深深認同復星的文化、戰略；另一方面不僅要獨當一面，還要以復星集團利益最大化去打通、整合內外部資源，發展復星的生態系統。

（3）復星的合夥人絕不是終身制，每年都會有新增和退出的合夥人。復星最希望有兩類人能成我們的全球合夥人：一類是能獨當一面，為復星做出巨大貢獻的人；另一類是深刻認同復星的文化和戰略，更加年富力強、有巨大發展潛力、願意不斷向高處攀登的學生。對這兩類人，我們都要鼓勵、重視。

（二）運行情況

復星國際在2016年1月推出「全球合夥人計劃」可謂正當其時。這無疑給公眾發出一個信號，復星集團是一個有穩定職業經理人團隊的現代化企業，並且這些職業經理人對公司未來有強烈信心，並且自願為集團綁定至少十年。這些核心高管，通過股票授予，已經成為復星集團的合夥人，將繼續為集團的持續發展貢獻力量。復星國際推出的「全球合夥人」計劃，其合夥人並非終身的。

復星國際主要以投資併購為主業。投資決策和投後管理是其最為重要

的業務內容。但是每個合夥人在投資決策過程中，扮演什麼樣的角色，行使什麼樣的權利呢？投資成功的收益是什麼？投資失敗，後果又是什麼？這與合夥人的身分又有什麼樣的關聯？這些好像在目前的合夥人計劃中並沒有得到很好的體現。合夥人不僅僅是一個身分的象徵，更應該是一種責任、一種使命。如果這種責任和使命沒有一定的權利作為基礎的話，那麼將是一句空話。

（三）案例經驗與啟示

合夥制管理不僅僅是一種模式、一種制度，更是一種發展的機制、一種管理的機制、一種分享的機制。在這種模式下，每一個加入進來的合夥人可以掌握自己的命運。復星集團打造這種新機制與新平臺就是為了使優秀的企業家再創業。正是這種互相欣賞、互相吸引、互相選擇，成就了人才與復星並肩戰鬥的「人和」，也使得企業家精神開花結果。

多層事業合夥制實現了在不同崗位創造最大價值。傳統單層事業合夥制與股權激勵下，分配和價值實現是一體化的，容易造成「搭便車」的問題。隨著資本市場越來越獨立化，企業商品化程度與股價的高低跟企業的業績之間不完全是正相關關係，此時，股權激勵就會出現問題。你干得多未必拿得多，干得好未必拿得好，什麼都不干可能你還拿得很高。有個很典型的例子，有家公司的 CEO 上任四十多天就被解職，卻拿了兩千多萬美金的期權，價值分配和價值創造出現了嚴重的不對等。多層事業合夥制下，每個事業部、每個子公司、每個核算單元，都有各自業態的估值邏輯。在此基礎上，分別建立起各事業部、子公司、核算單元的股權激勵，以實行虛擬股權。各事業部、子公司、核算單元的總體價值，又構成整個集團的價值結構，從而建立起多層事業合夥人股權「上翻機制」，在集團上市公司層面解決流通的問題。

二、合夥制管理的激勵模式[①]

(一) 增量分紅激勵模式

傳統的雇傭模式激勵體系是「工資+提成+獎金+福利」。增量分紅激勵模式是在傳統的薪酬體系下增加利潤分紅。公司可以先約定目標業績與利潤，當達到目標利潤後，可以把超額或者增量的利潤分配給團隊核心人員，存量可以按照「公司 90%、員工 10%」分配，增量部分可以按照「公司 50%、員工 50%」分配，以體現激勵效果。

連結 1-16　永輝超市增量收益的再分配

永輝總部與合夥人代表（經營單位）根據歷史數據和銷售預測制定一個業績標準。如果實際經營業績超過了設立的標準，增量部分的利潤按照比例在永輝總部和合夥人之間進行分配。由於永輝有數萬名員工，永輝總部不可能與每一位員工去開會敲定合夥人制度的一些細節和考核標準。因此，一般情況下，合夥人是以門店為單位與永輝總部商談。永輝總部代表、門店店長、經理以及課長一起開會探討一個預期的毛利額作為業績標準。在未來門店經營過程中，超過這一業績標準的增量部分利潤就會拿出來按照合夥人的相關制度進行分紅。店長拿到這筆分紅之後就會根據其門店崗位的貢獻度進行二次分配，最終使得分紅機制照顧到每一位基層員工。永輝超市實施合夥人制度後，當年的經營效果與管理效率明顯提升：員工人均工資從 2,309 元增加到 2,623 元，增加了 14%；日均人效從 1,610 元提高到 1,918 元，升高了 19%；而離職率從 6.83% 降低到 4.37%。

(二) 虛擬股激勵模式

虛擬股激勵模式是指公司授予激勵對象一種「虛擬」的股票，激勵對象可以據此享受一定數量的分紅權和股價升值收益。如果實現公司的業績目標，被授予者可以據此享受一定數量的分紅，但沒有所有權和表決權，

[①] 佚名. 做好合夥制的六種模式 [EB/OL]. [2017-08-11]. http://www.sohu.com/a/163808339_335296.

不能轉讓和出售虛擬股票。虛擬股票在被授者離開公司時自動失效。公司在支付收益時，既可以支付現金、等值的股票，也可以支付等值的股票和現金的結合。虛擬股激勵模式通過讓持有者分享企業剩餘索取權，以此來達到將他們的長期收益與企業效益掛鉤的目的。比如華為的虛擬股，本質上是一種分享制。該模式將公司或者事業部資產換算成虛擬股，然後授予員工一定數量的虛擬股。這種模式對財務核算要求比較高，要特別設置好進入、調整、退出機制，特別是退出時的資產增值收益。

連結1-17　華為的虛擬股模式

華為是全球領先的ICT（信息與通信）基礎設施和智能終端提供商，是一家由員工持有全部股份的民營企業，目前有18萬員工，業務遍及170多個國家和地區。華為在2017年營業收入達到6,036億元，淨利潤474億元。虛擬股票與員工持股是華為實現內部員工激勵的重要手段。華為借助極具特色的股權治理機制設計鍛造了超乎尋常的員工關係，進而推動並激發員工去創造超乎尋常的客戶關係。具體情況如圖1-5所示。

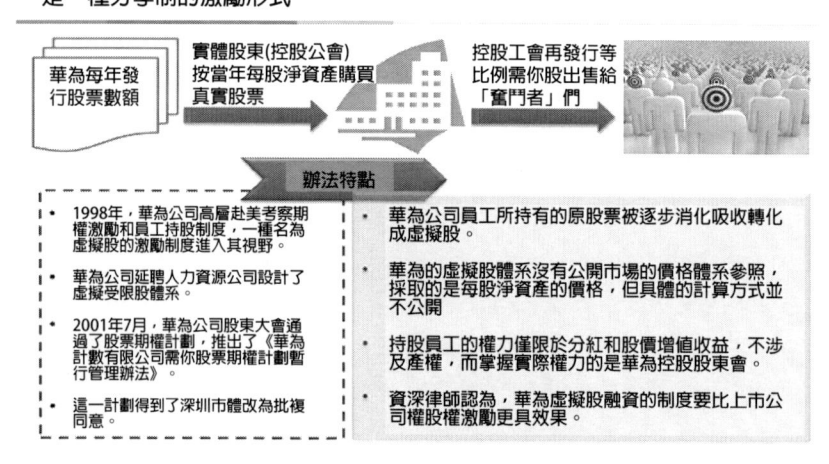

圖1-5　華為的虛擬股模式①

---

①　佚名．做好合夥制的六種模式[EB/OL]．[2017-08-11]．http://www.sohu.com/a/163808339_335296．

(三) 創業激勵模式

在創業激勵模式下，公司與核心高管合資成立公司，共同營運業務，並根據出資額的多少確定股份比例，還可成立董事會，共同決策。在該模式下，公司有控制權，員工有經營權和分配權；公司也可以設置一定的期權池和激勵機制，一步步地讓渡股份，持續不斷地激發員工的創業熱情。

連結1-18 芬尼克茲案例[①]

芬尼克茲是一家專注於熱泵相關產品的研發、製造及銷售的高新技術企業。2005年，芬尼克茲裂變式創業模式誕生。在該模式下，員工在母公司創業成立子公司，骨幹員工入股享受分紅（如圖1-6所示）。芬尼克茲通過員工入股保持了更多的新鮮血液，同時也大大提高了員工的積極性。芬尼克茲的裂變式創業模式的現實價值在於：母公司創始人控股新公司，同時在收益權上充分激勵創業團隊；創業團隊成員必須掏錢參股，以身家性命賭未來；用錢投票，可杜絕人情關係，選出最好的創業項目和團隊；人人平等，每位員工都可報名參加創業大賽，打破新員工職位無法超過老員工的企業倫理困境。

在股份分配上，大的股東必須要相對集中在幾個人。而在利潤分配上，利潤的20%是管理層分紅，30%是公司提留，50%是參股人按照股份比例提成。管理層是指以總經理為首的核心管理層，一般為2~3個人。若一年的利潤達到1,000萬元，管理層就會得到200萬元，總經理可能在管理層分紅中得到100萬元，同時他從股份分紅得到50萬元，加起來一共是150萬元。創始人在新公司的分紅是125萬元。在這樣的設計裡，總經理

[①] 佚名. 芬尼克茲：如何激發內部創業活力？[EB/OL]. [2017-06-28]. https://site.douban.com/211785/widget/notes/16811643/note/626710649/；佚名. 芬尼科技的裂變式創業模式[EB/OL]. [2017-07-31]. http://www.changjiangtimes.com/2017/07/574350.html；佚名. 柏明頓管理諮詢合夥制經營模式是一種商業模式創新[EB/OL]. [2018-07-06]. http://blog.ceconlinebbs.com/BLOG_ARTICLE_255448.htm.

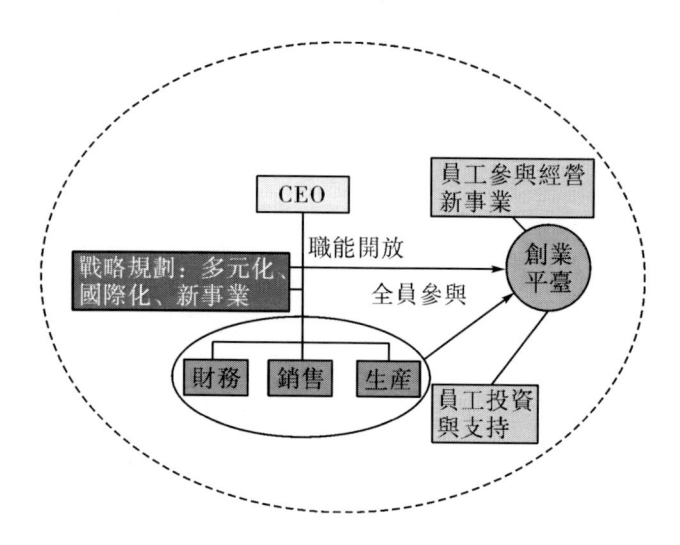

圖 1-6　芬尼克茲的創業激勵模式

在新公司的收入比創始人還要高。在企業蒸蒸日上的時候，要有人帶頭往前衝；在企業陷入低谷的時候，也要有人敢於挺身而出。衝在前面的人就是企業的「主心骨」。

芬尼克茲依靠這套體系，把員工變成股東。選舉則是裂變式創業的靈魂。公司通過拿錢投票這種方式選出來的人德才兼備。和職業經理人不同的是，這樣選出來的總經理更能夠全身心投入。選票的設計分為三塊：投給誰，投多少錢，簽字。簽了字，就得兌現，如果食言，員工就得被罰款，罰款金額高達年薪的20%。同時，參加競選的人作為大股東，必須投入項目所得金額的10%。誰獲得的投資額大，誰就是新公司的總經理。這場創業大賽吸引了14個小組、60多名員工報名。芬尼克茲用創業大賽和人民幣選出優秀的合夥人，取得了較好的效果。芬尼克茲內部創業的具體制度如下：

1. 參賽人

芬尼克茲的任何人都可以組隊參加創業大賽。這個團隊必須有人擔綱。一開始參賽團隊要拿出項目思路，然後要接受一系列創業培訓，比如

戰略制定、財務培訓。

2. 評價標準

投資要看兩方面：一是團隊，二是項目。芬尼克茲的內部創業大賽把這兩方面的評價進行量化，各占 100 分，總分 200 分。

3. 參賽團隊及其擔綱人

在初賽時，評委會從 7 個維度來評價參賽團隊及其擔綱人：工作年限、目前職務、對芬尼克茲理念的認同度、戰略思維、創新思維、團隊打造、人格魅力。這些維度的分值加起來是 100 分。例如：在工作年限方面，5 至 8 年是最優，3 至 5 年和 8 至 10 年都屬於「良」，2 至 3 年和 10 至 15 年都是「中」，2 年以下和 15 年以上都屬於「差」。因為他們認為，5 至 8 年這個時間段（27 歲到 30 歲）是創業精神和工作經驗的最佳平衡時段，越往後，經驗越足，但創業衝勁越差。在職務方面，所任職務越高，打分就越高，因為職務越高說明其能力和影響力被公司認可的程度越高。

4. 項目評估

雖然現在可以不用錢去創業，換句話說，可以做到零資本創業，但是為什麼還是需要錢？芬尼克茲創業大賽的評估關鍵是財務報告。創業團隊需要做未來 3 年以上的現金流量表，必須告訴其他人這 3 年的現金流量到底是什麼情況。在創業團隊參賽之前，財務部門會審核所有可行性報告裡面的財務報表。數字可以是編的，但是邏輯必須是對的。例如：團隊可以編 3 億元的利潤，但關鍵是要看它是不是符合邏輯。另一個關鍵的點是，評委還要通過這張表瞭解這個團隊的骨幹們自己願意出多少錢。

5. 關鍵流程

芬尼克茲在篩選項目、挑選團隊的過程中，還有創業團隊的關鍵流程。參賽團隊的擔綱人必須願意從自己的積蓄中拿出 10%。這個規定是對員工做的第一輪篩選，這樣可以選出有創業精神的人。沒有創業精神的

人，就算命令他來做這件事，他也是做不好的。不要相信干股，創業成功的關鍵在於是不是自己掏錢出來創業。因為干股是一個利益共享、風險不共擔的結果。富貴險中求，風險越大，收益越大。所有的風險都由老板承擔。虧損時，高管唯一的想法就是另找工作，他不會積極地去想怎麼樣把企業做好，讓企業起死回生。這個時候最可憐的就是老板。所以，創業成功的關鍵還是自己掏錢來創業，一個人要是肯掏錢來創業，一定會全力以赴。

（四）風險投資激勵模式

在該模式下，由員工成立公司。母公司作為投資人，只出錢不出力；員工既可出力，也可出錢（如圖1-7所示）。比如一個項目估值為500萬元，公司投資100萬元，占股20%，於年底分紅。公司也可要求確保資產回報率不低於多少。海爾的創客模式，讓人人都是CEO，在公司平臺創業。

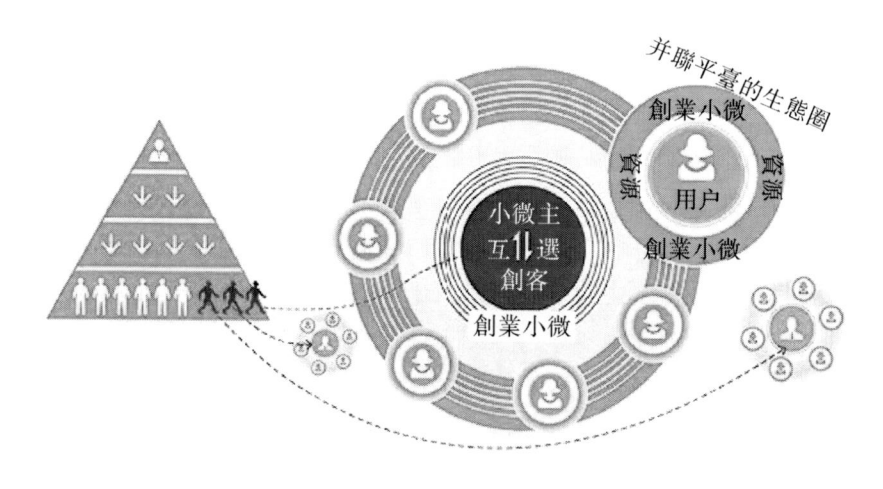

圖1-7　風險投資激勵模式①

---

① 佚名. 做好合夥制的六種模式 [EB/OL]. [2017-08-11]. http://www.sohu.com/a/163808339_335296.

(五) 內部交易激勵模式

在該模式下，員工成立普通合夥企業，內部約定分紅比例和經營機制。公司將產品以「成本價+合理利潤」供給店員合夥企業，店員合夥企業利用公司的門店資源進行經營。公司不用再給店員發工資，從雇傭變成合作。此外，該模式還具有避稅效果。海瀾之家的經銷商模式、拉夏貝爾的合夥人制度都是對內部交易激勵模式的很好嘗試。

連結1-19　拉夏貝爾的店鋪合夥人制度①

拉夏貝爾推出的合夥人制度是以利益為導向的激勵模式，員工付出的勞動越多，其所獲得的就越多，風險還是由公司承擔。拉夏貝爾希望以合夥人制度來促進這些直營店鋪店長及員工發揮最大的積極性。目前，拉夏貝爾採用多種與經營成果掛勾的形式。首先，根據店鋪往年銷售情況，拉夏貝爾設定了店鋪的整體薪酬回報制度，按照各員工對店鋪銷售額的貢獻，店長和店員共同分享店鋪所得薪金總額。其次，在傳統的店鋪考核形式上，店長和店員之間因為利益不一致，容易形成管理與執行兩張皮。拉夏貝爾為了培養團隊作戰能力，實行店長和店員共同分享店鋪所得的薪金總額的制度，使得店長和店員之間形成的利益共同體得到強化。最後，一般傳統店鋪的店長只關心業績，很少考慮整體經營，如行銷、導購、成本控制等。而在拉夏貝爾的合夥人機制下，店鋪經營人員需要考慮整體的店鋪經營活動，讓店鋪成為自主經營管理中心，以實現績效的最大化。

拉夏貝爾的店鋪合夥人制度，讓每位店員成為店鋪合夥人，根據店鋪業績參與分享企業利潤。員工薪金的計算方法由原來的「固定工資+佣金」

---

① 佚名. 拉夏貝爾要開到1萬家店 靠怎樣的店鋪合夥人制度 [EB/OL]. [2016-02-18]. http://www.linkshop.com.cn/web/archives/2016/344400.shtml；佚名. 拉夏貝爾用合夥人機制，打破服裝零售的「死穴」 [EB/OL]. [2017-12-21]. http://k.sina.com.cn/article_6420374777_17eaf24f9001002ddf.html.

形式調整為直接與銷售業績掛勾，公司根據店鋪往年銷售情況設定店鋪整體薪酬回報占店鋪銷售額的比重，店長和店員共同分享店鋪所得的薪金總額。另外，為鼓勵各店鋪超額完成公司定下的銷售目標，拉夏貝爾給予店鋪更大自由度，由店長根據實際人手需要決定店員人數和輪流值班制度，讓每一個店鋪成為自主經營管理中心，實現績效最大化。在服裝產業，一般的店鋪導購員關注的只是自己的銷售額，對於服裝是否打折，打幾折售出並不關心。很多時候，導購員反而期待打折，因為折扣越大越好賣，最終完成銷售額拿提成就行。但對服裝企業來說，折扣越大意味著企業的成本占比就越高，盈利空間就越小。所以，合夥人制度有助於幫助店長和店員從銷售額指標轉向考慮成本和利潤指標。這種合夥人制度的最大優勢就是強化店長和店員作為合夥人的歸屬感，進而促使他們從企業長遠發展的角度來考慮問題。

（六）項目跟投合夥激勵模式

項目跟投合夥激勵模式將公司的業績、股市的表現、投資的風險與員工聯繫在一起。在項目開發的過程中，項目所在區域公司相關人員必須跟投項目，共享利益、共擔風險；而管理者須將年終收入用於購買公司的股票；所有人員的收入不再僅由個人績效考核來定，而是與公司的收益、項目的收益緊緊捆綁在一起。例如，地產「黑馬股」上海中梁地產通過實施項目跟投制度，多年穩居中國房地產百強企業，2018 年躋身綜合實力 25 強、成長速度位列 TOP10 第 1 位。在多級激勵體系下，區域公司對自己區域的所有項目經營實行「費用包幹」，超出費用部分由區域公司全體承擔，結餘部分由區域公司全體進行分享。區域公司可進行最高不超過 8% 的項目跟投，要求核心管理層強制跟投，其他人員自願跟投。同時，企業提供內部槓桿，既滿足公司的強制跟投要求，又能保證股東利益，激發所有員

工的「老板意識」、共同參與經營、共享企業經營成果。由於團隊被激活、協調更順暢、行銷更生猛，上海中梁地產迅速拿下三線、四線房產市場。

連結 1-20　同心共享：碧桂園推升級版合夥人計劃[1]

碧桂園曾在 2012 年年底推出過名為「成就共享」的激勵計劃：區域和項目公司在獲取地塊的時候，要根據目標利潤率、銷售額等數據倒推意向地塊的投資金額，能做到才競拍，否則放棄；項目經營管理人員將最終根據項目資金回籠速度和所創造的淨利潤獲得獎勵。淨利潤越高，資金回籠越快，項目經營管理人員能分到的獎勵就越高。除現金獎勵部分外，獲獎項目還可以獲得股權激勵，這部分獎勵將直接作為碧桂園集團購股權計劃下員工行使購股權需支付的行權對價。這個計劃為碧桂園近兩年的規模擴張提供了強勁的動力，但隨著房地產行業從「黃金時代」向「白銀時代」的過渡，這套激勵機制的短板也開始顯現：按照規定，新項目無論何種原因在考核期內出現虧損，虧損額的 20% 將由區域總裁及項目總經理承擔；若一年內現金流不能回正，則該考核單元將失去繼續參加成就共享計劃的資格；如參加成就共享計劃項目最終未能獲得獎勵，將視情況對區域及項目管理層進行處罰。嚴苛的懲罰機制意味著項目層面需要承擔較高的經營風險，這意味著項目層面可能會因為「求穩」而喪失新的發展機會。

針對「成就共享」的激勵計劃的局限性，碧桂園於 2014 年推出升級版合夥人計劃，即「同心共享」。新版合夥人計劃規定：獲得的新項目均採取此跟投機制，即項目經過內部審批定案後，集團投資占比 85% 以上，員工可跟投不高於 15% 的股權比例，共同組成項目合資公司。除了集團董事、副總裁、中心負責人及區域總裁、項目經理需要對項目強制跟投外，

---

[1] 佚名. 關於合夥人制度及其創新 [EB/OL]. [2016-11-29]. http://www.sohu.com/a/120216278_470061.

其他員工在不超過投資上限的前提下也可自願參與項目跟投，其中區域總裁、項目經理等僅需投資自己區域的項目，占比不高於10%，集團員工可投資所有項目，但占比不高於5%。在回報機制上，當項目獲得正現金流後，利潤就可分配，所得利潤可用於投資下一個項目，也可交給集團公司有償使用；項目有盈利時，可進行分紅；但如果項目出現虧損，參與者不可退出。值得注意的是，在項目投資期間，參與者進出自由。

在「同心共享」制度設計下，核心管理班子成了項目公司股東，可以強化買地、設計、成本控制、銷售及間接費用控制的全過程管理力度，可以增強員工的主人翁意識，真正實現員工當家做主，有利於穩定員工隊伍。

第四節　合夥制成為管理創新的驅動力

合夥制將成為企業持續發展的戰略動力機制，推動了企業戰略創新、公司治理結構優化、組織與人的關係重構，充分發揮了核心人才的積極性，極大地推動了公司的治理機制與激勵機制創新，實現了有效激勵而不失控制權。

合夥制在與平臺管理的不斷融合發展中，實現了商業模式創新，如圖1-8所示。未來的發展中，企業合夥制不是簡單的激勵與治理手段，它將涉及企業商業模式創新等。

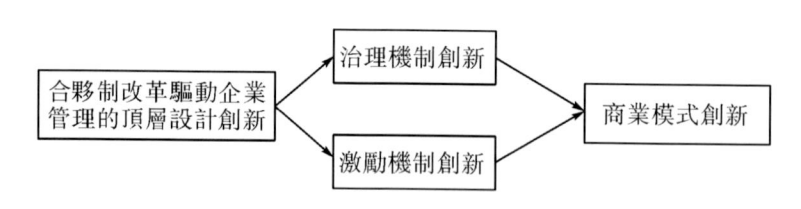

圖1-8　公司合夥制管理改革與創新

一、合夥制改革驅動企業管理的頂層設計創新

合夥股權設計解決了企業的產權問題、分配問題和經營管理問題。首先，企業通過股權設計，將創始人、合夥人、投資人、經理人的利益綁定在一起，推動企業在長期經營方向、營運模式及其相應的組織方式、資源配置方式上的整體性轉變。其次，企業通過優化合夥制經營模式生存的土壤和生態環境，使企業凝聚了一批有追求、有意願、有能力的人抱團打天下。再次，合夥文化價值觀與願景是企業創新與發展的原動力。

二、合夥制推動企業治理機制創新

（一）組織模式平臺化

波士頓諮詢公司聯合阿里研究院發布了《平臺化組織：組織變革前沿的「前沿」》。該報告認為：「平臺化組織是現代企業為了順應市場、技術、人才的新趨勢而形成的新型組織形態，這一組織形態會依據不同的市場環境形成不同的子類型，在組織結構和內部治理機制上形成較大的差異。」所謂平臺化組織模式，就是去掉中間層，把整個組織變成根據業務需要成立的自由團隊，讓組織服務人，將企業塑造為合眾分享、創業孵化的平臺。傳統的「公司+雇員」這種持續了一百多年的組織體系，正被個人經營者、團隊經營者和平臺經營者共生的合夥制管理顛覆。平臺化組織模式是對新經濟時代機遇和挑戰的有效應對，也最能符合人性和企業的商業屬性。平臺化組織模式將個人的創造性、領導力和企業家精神作為組織系統重要的組成部分。過去，很多企業的成功，憑藉的是領導者「抬頭看路」，而基層員工「低頭拉車」。這種傳統的組織體系，對領導者的個人能力有著很高的要求。但很多企業的人力資源經理都遇到過這樣的困惑：隨著公司做大做強，很多優秀的人才卻流失了，更令人力資源經理不解的

是，跳槽方並非企業的競爭對手，或是看似優秀的公司，而是去了一些小公司，甚至是創業型公司。越來越多的年輕人希望實現自我價值，而傳統公司「慢慢升級」模式也被年輕人越來越不屑。但是，並不是人人都適合開公司創業，大企業必須要想辦法給予這些有想法的人更多的機會，平臺化的組織模式正合適，每個小前端可以視為一個企業內部的創業項目。

平臺化企業組織的四大重要特徵：大量自主小前端、大規模支撐平臺、多元的生態體系，以及自下而上的創業精神。在未來，組織最重要的功能將是賦能，而不再是管理或激勵；項目、產品、創意等將由小前端啓動；平臺使用風險投資型機制和內部自由市場機制來配置資源；領導層不再進行事無鉅細的管理，而是給予更多的授權。

連結 1-21　永輝的組織模式變革①

2014 年前後，永輝推出了合夥人制度。最初，這一制度在部分區域的少數門店進行試點，2015 年之後便開始在全國推廣。而現在，合夥人制度幾乎涵蓋了從總部到門店的所有部門。在總部，原來的總經理、總監、經理等職位取消，取而代之的是聯合創始人、核心合夥人、合夥人等阿米巴模式的職級。而在門店，永輝大賣場被分解為 16~18 個經營單位，超級物種被分解為 8~10 個經營單位，永輝生活被分解為 1~2 個經營單位。每個經營單位以「6+1」的合夥模式進行「承包」。永輝集團董事長張軒松提出，把整個公司的 7 萬人分拆成 1 萬個小組。這就實現了「大公司、小組織」的目標。為此，永輝正醞釀一場影響深遠的組織架構變革，取消原來的生鮮與加工、服裝以及食品用品事業部三大事業部，取而代之的是更加機動靈活、專注各個品類、營採合一的商行。

---

① 佚名. 永輝：佈局生態、搭建平臺 它能成為「第三極」嗎？[EB/OL].[2017-12-05]. http://www.100ec.cn/detail--6427161.html.

(二) 組織管理扁平化

在傳統的組織中,管理離客戶太遠,決策重心過高,層序多,對外部市場的反應遲鈍。在合夥制管理模式下,員工之間更多體現為合夥、相對平等,而非傳統的上下級關係。合夥制管理模式打破了原有科層制組織規則,使官僚主義空間更小、部門間的隔閡變小。小米創始人雷軍曾說:「你要鼓動大家的積極性、鼓勵大家創新的時候,如果都是那種層層匯報的架構,比如有五六層、七八層的層級架構,大家怎麼可能會有創新性?我要做一個決策,我說了不算,我要跟七八個領導做匯報,要等兩三個月之後才有意見的回覆,工程師怎麼會有膽量創新?所以,小米研發層級結構是基本的三級:一層是員工,一層是核心主管,一層是合夥人。特別是研發部門也不會有正經理、副經理,不會搞得非常複雜。」

(三) 分權管理常態化

在公司管理權方面,因為股權結構和合夥人體系的優化,股東之間的權利相對更均衡,經營層的話語權更大,分權變成常態。在合夥制管理模式下,資本雇傭勞動變為資本與勞動的合作;員工變為兼具股東身分,從打工者變為合夥人,資本與員工更多地融合。由於合夥制管理模式改變了組織架構和契約合同,員工的行為就會隨之改變,潛力也被充分激發。以往的企業管理模式是金字塔式的「火車模式」,即火車要想跑起來,全靠車頭帶;合夥制管理模式則是「動車模式」,即動車的速度是靠著每節車廂的動力帶動起來的。動車比火車跑得快的原因就在於,動車能最大限度地發揮每節車廂的力量,打的是團隊戰。① 在合夥制管理模式下,企業下放經營決策的權力給合夥人,各業務單元獨立決策、自負盈虧,合夥人享有相當的項目收益,因此工作積極性高,能感受自己參與企業經營的喜悅。

---

① 胡八一. 士為知己者死,共創共享共擔,才是合夥制經營模式的最高境界 [EB/OL]. [2018-05-18]. http://www.sohu.com/a/232347512_100149890.

連結1-22　一線員工做決策，領導者做投資①

在韓都衣舍，以往是企業中高層管理者才有的決策權，現在下放到了一線員工手中。公司最小的前端只有3個人，他們分別來自研發、生產/採購、銷售部門。這3個人組織了公司中最小的細胞，但他們的權力一點兒也不小。只要看準了一個項目，比如判定下一季某款女裝可能會成為爆款，這個3人小組就能放手去做。韓都衣舍充分調動了員工的主觀能動性，員工就算失敗了，試錯成本也不高。每個小前端可以看作一個產品小組，產品小組全權負責產品設計、生產和品牌營運，責、權、利對等。產品小組的責任在於設定銷售目標，對庫存、毛利率和產品品質負責，他們同時擁有確定款式、尺碼、庫存深度、銷售價格、是否參與行銷活動、參與打折的節奏與深度等。對於每個小前端而言，他們可謂壓力巨大。小前端內部有著相當大的決策權，但是每個項目能否持續做下去，能否得到公司後臺平臺的繼續支持，都有賴於「硬指標」考核。由於韓都衣舍對每個產品小組的利益分配模式就是考核銷售額、毛利率和庫存週轉率。因而小組的獎金分配並不是由公司決定的，而是由每個小組的利潤決定的。韓都衣舍會定期對300多個小前端按財務指標排名，從而決定為哪些團隊持續提供資金支持，對排名高的團隊進行資源傾斜。其內部機制鼓勵對前端優勝劣汰，以有效保證對效益良好的前端進行資源支持。

海爾提出了「人人都是創客」的概念，以減少中層環節，在內部建立了小微企業，海爾很多創新的品牌與產品都源自內部創客。海爾的平臺有兩類組織——小微和平臺。其目的是實現轉型與創新。這些小微組織有了想法之後，便與每個平臺組織合作。而每個平臺組織，比如生產平臺，下

---

① 朱耘. 平臺化組織變革：從「公司+雇員」到「平臺+個人」[N]. 中國經營報，2016-11-01 (4).

面設有多個生產小微。海爾實行「人單合一」機制，每個創新小微和轉型小微，可憑一定量的客戶訂單獲得平臺上其他小微的支持，比如請採購平臺小微合理採購零部件，請銷售平臺小微幫助做產品行銷等。小微間的彼此合作，是「市場化」選擇的結果，自負盈虧。管理者只是把握公司總體的大方向，協調前端任務，做財務風控。

三、合夥制推動企業激勵機制創新

合夥制管理模式是一種重要的激勵機制，其本質上是希望綜合考慮多種不同生產要素，讓不同生產要素的利益主體都擁有所有權。合夥制管理模式在「人人成為經營者、人人分享經營性收益」的理念下，把核心人才發展為執行股東，以最大限度發揮人才財富機制。合夥制是高盛、阿里巴巴等公司最引以為豪的公司架構，正是由於合夥制度的實施，這些全球知名企業才能持續成長。

1. 合夥制是企業成長與人才建設的長效激勵機制

很多老板贏在戰略機會的把握上，卻輸在與員工共享利益上；很多老板贏在個人超凡的能力上，卻輸在不能凝聚人才上；老板最重要的能力就是學會找好合夥人，並給團隊搭建好分錢激勵機制。

——張詩信（上海奇榕諮詢公司創始人/董事長）

企業要做大、做強、做久，實現二次創業，就需要改變以往企業老板一個人承擔責任、制定決策、引領發展的局面，需要打造出一支優秀的經營者團隊。這支團隊要能夠共創、共擔、共享，要能夠支撐平臺戰略轉型與落地，要能夠高度認同並傳承企業文化，要能夠持續激發奮鬥激情，要能夠保障企業具有應對未來挑戰的核心競爭力。同時，合夥人承擔了由於

業務失誤或是公司業績下滑、業績虛假帶來的全部連帶責任。這種沉重的壓力使得合夥人更重視產品的質量的控制和風險的把握。

　　合夥制可以充分發揮有能力的人力資本的力量和潛能，把經營層變成企業家來推動企業的發展。只要機制設計得好，就會有源源不斷的人才流入企業，成為企業事業持續發展的後備軍，同時，還能把不適合的人踢出去放到適合他的位置上，保障了企業有新鮮血液的流入從而帶領企業持續發展。合夥制變資本雇傭人才為資本與人才實現共創、共擔、共享，共同推動企業平臺的創新與發展。合夥制可以使人資關係更加緊密，人才開發更加充分，內部管理更有效率；可以充分激活核心團隊，解放老板。實施合夥制，採用員工持股計劃，通過股權激勵計劃來改善公司治理結構、留住人才，已是大勢所趨。「一股獨大」的企業很難做大、做強、做久，優秀人才不會甘願在這樣的企業干一輩子，長本事之後就會選擇創業。具有創新精神與能力的核心人才，成為企業爭奪的最有價值的資源。

連結 1-23　別把自己當老板，未來都是合夥人[①]

　　不知你是否感覺到，員工與老板之間始終有化不開的濃濃的「敵對」情緒：老板永遠嫌員工做事少、工資要得多；而員工則恰恰相反，認為工作沒完沒了、薪水少得可憐。員工與老板之間的「敵對」情緒是企業普遍存在的現象。可能你會說，提高工資不就行了嘛。但問題是，今天提高了工資，近期對員工產生了一定的激勵作用，可時間長了，員工又會陷入消極情緒。此外，企業提升員工工資的幅度不可能太大，否則企業的壓力陡增。所以，最終你會發現：提高工資不能從根本上激勵人心。

　　那麼，問題究竟出在哪裡？其實很簡單，老板習慣於把自己當老板，

[①] 姜博仁. 新合夥制：移動互聯網時代的新型企業組織模式 [M]. 北京：人民郵電出版社，2016：33.

習慣於把員工當成「打工仔」。這就讓員工覺得我只不過是在為老板打工，於是，做一天和尚撞一天鐘，對公司沒有歸屬感，對工作沒有滿足感，不願意為公司拼命賣力。

要想改變這種「雙輸」的局面，最好的辦法就是用合夥制代替傳統雇傭制，徹底將員工從「受害者」的角色轉變到「責任者」的角色，將員工從「打工仔」的角色轉變到「合夥人」的角色。在合夥制下，員工與老板是平等合作的關係，老板提供給員工足夠大的發展平臺，使員工充分自主地發揮自己的聰明才智，為企業創造財富和利潤，也為自己創造更高的收入。

2014年，中國房地產業龍頭萬科集團召開合夥人創業大會，1,320位中高層管理人員成為萬科集團的首批事業合夥人。萬科董事長鬱亮在大會上喊出這樣一句口號：「職業經理人已死，事業合夥人時代誕生。」不久，新東方董事長俞敏洪自述「我是怎麼被『中國合夥人』的」，又一次引發了關於企業合夥制的熱議。

從互聯網巨頭阿里巴巴到地產界翹楚的萬科，從輕巧靈動的創業企業到聲名顯赫的傳統企業，「合夥制」成為管理界的新名詞。事實上，「合夥制」是一個極其古老的概念，如果從廣義上理解合夥制，那麼「劉關張的桃園結義」無疑是一個典範，他們為共同的目標聚集在一起，各有分工，朝著同一目標而努力，這就是合夥制。

在移動互聯網時代，創業者可以充分利用合夥制來籌集資金，與創業合夥人並肩作戰、共擔風雨、共享事業成果。在管理實踐中，合夥制也正在逐漸取代傳統雇傭制。老板一定要深刻認清一個現實：未來都是合夥人，沒有員工，更沒有「打工仔」一說。這就要求老板不能把自己當成老板，高高在上，而要以平等的姿態與員工相處，表達出對員工的尊重之情，充分激發員工的工作積極性，這樣的企業才會充滿生機與活力。

時代在變，企業的組織模式同樣也需要變革。雇傭制已經不再適合移動互聯網時代的要求，打破傳統的雇傭關係、更大限度地發揮人力資源優勢、強強聯合……合夥制時代已經到來！

2. 合夥人股權激勵助推職業經理人、核心員工與企業利益捆綁

「士為知己者死，女為悅己者容」，企業要與員工分享企業發展帶來的紅利，把公司利益和員工的利益緊緊捆在一起，從「要我干」轉變為「我要干」的經營模式。合夥人在收益方面擁有很大的主導權，企業會按照個人能力及貢獻度的大小進行利潤分配，讓優秀人才得到合乎其價值的報酬，這種激勵模式更能穩住人才。

實施股權激勵機制，是捆綁職業經理人、核心員工的重要措施。股權激勵機制可以讓員工分享企業成長所帶來的收益，增強員工的歸屬感和認同感，激發員工的積極性和創造性；長期穩定的合夥人隊伍將從公司利潤中分享利益，所以不會帶來薪酬的相互攀比。股權激勵機制使員工轉變為合夥人，解決了投資者和員工之間的利益分享。

360創始人周鴻禕曾說過：「我常常跟員工說，我給你發工資，撐破天百萬年薪，還有一半都交個人所得稅了，所以工資是用於養家糊口的。真的財務自由是指一定要爭取拿到合夥人的高級分成，也只有這個層次的收益才能創造真正的富足。」合夥制下，人才和股東身分高度重疊，有利於構成深度的利益和命運共同體，降低公司發展勝敗系於一人的風險。合夥制下，人人都是創業者，而非單純依靠「車頭」的動力。企業的關鍵人才將會越來越認可更公正、民主的合夥制。未來，依靠雇傭制來吸引人才和留住人才，將是一個異常困難的事情。

連結 1-24　萬科事業合夥人激勵機制創新[1]

萬科的合夥制改革，將公司的業績、股市的表現、投資的風險與員工切實聯繫在一起。在項目開發的過程中，項目所在區域公司相關人員必須跟投項目，共享利益、共擔風險；而管理者須將年終收入用於購買公司的股票；所有人員的收入不再僅僅靠個人績效考核來定，而是與公司的收益、項目的收益緊緊捆綁在一起。「風險共擔」這一要求對於內部人員的篩選有著直觀性的作用。在公司內部「搭便車」、只想收益不想付出、害怕承擔風險責任的員工或許會離開平臺；而有能力、有擔當、對公司真正認可的人才，在改革的過程中一定能夠與公司同呼吸、共命運。萬科的事業合夥制度已經形成了 EP（EP 為經濟利潤，是 economic profit 的縮寫）獎金、高層持股、中層跟投、基層事件合夥等系列機制，同時仍在迭代優化。萬科在將來會繼續樹立共創、共擔、共享的合夥人文化，鍛造合夥人隊伍，建立適合合夥特點的組織模式，基於合夥思想聯動產業夥伴建立文明健康的產業合夥生態，從而為最廣大的利益相關方創造更長遠的可持續價值。

從激勵機制上看，萬科的事業合夥制有以下幾個層面的創新：

（1）EP 獎金制度，該制度可謂是 EVA（EVA 意為經濟增加值，是 economic value added 的縮寫）制度的加強版和升級版。萬科一直保持著對國有企業治理制度和政策的自覺學習和對標，EP 獎金制度是對中央國資委對中央企業所進行的 EVA 考核制度的繼承和創新。EVA 經濟增加值是在稅後淨營運利潤基礎上減去資本的機會成本，體現了企業最終為股東創造的價值。中央國資委對中央企業的 EVA 考核一般考核社會平均回報率。萬科基於其高度自律和追求卓越的要求，提出了 EP 獎金制度。EP 獎金制

---

[1] 和君諮詢. 時代呼喚合夥人制 [EB/OL]. [2016-08-17]. http://money.163.com/16/0817/11/BULSS2EG002557RH.html.

度是以高出社會平均資本回報率、優先滿足股東超額回報的基礎來設立基準線的。在該制度下，在實現對股東高額回報之後，餘下的增量才作為經營層的激勵基礎，劣後分享。後來，萬科又將這些超額的 EP 獎金進一步遞延化，升級為長期性的激勵，並且引入融資槓桿，通過有限合夥平臺購入持有萬科股票，把 EP 獎金集合化、遞延化升級為高層的集合持股，將經營層與股東的利益進行了更緊密和直接的捆綁。這意味著經營層將更加關注業績、股價和風險，真實地體現了經營層與股東的風險共同承擔、收益優先劣後的關係。

（2）在業務單元層面，萬科的事業合夥制還創新實踐了項目跟投機制，即以項目為單元要求項目的直接營運層、間接支撐的相關方出資參與項目的投資，進而實現項目的共投、共擔和共享。跟投機制是投資類公司裡的一種有效實踐，而萬科的跟投機制在向包括黑石、KKR 等資產投資類專業合夥公司學習的基礎上突出了自身特色。萬科項目跟投不僅是讓營運人員成為劣後受益人，在優先滿足相關方、滿足債權方、股東方的回報之後，才有分享權；而且萬科的項目跟投是營運人員用自己的存量進行的投入，更強化了風險的共擔。萬科通過項目跟投制度，一方面解決了投資的問題；另一方面使項目盈利與員工自身收益密切相關。這樣一來，員工在項目獲得收益後，可以獲得更多的利潤分紅。項目跟投制度起到了一種激勵的作用，更加激發員工工作的熱情。以前，各個部門可能更關注自己部門內的工作，缺乏與其他部門間的合作交流與溝通，而當所有員工的利益與項目收益掛勾後，員工就會更關注項目利潤，也會對產品的整體性更加關注，進而帶動了部門間的協調性。這樣可以提高工作的效率，調動員工的積極性，使公司高層和員工的利益達到統一，加強高層管理人員與一線或者中層員工的溝通交流，使他們為了共同的項目與事業一起奮進。因此，萬科的項目跟投制也成為當前很多企業學習、對標的對象。

（3）萬科的事業合夥制是基於目前市場價格的股權展開的，其核心內容只是在幫助合夥人按照目前市場價格獲取更多的股權。新註冊的殼公司對萬科股權的收購，是萬科事業合夥制的運作基礎，所有合夥人苦心經營企業以實現目前股價和未來股價的價差，才是合夥人激勵的基本。此外，投資的交割週期有限，合夥人收益也有槓桿。

（4）未來，萬科合夥制還將逐漸沿著產業鏈向上下游合作夥伴延伸，讓萬科產業鏈上下游的參與者能夠參與利益分配和風險共擔。他們從承包工程到建設自己投資的工程，質量、效率必然大幅提升，同時他們亦能享受更多的增量收益。

房地產合夥人激勵制是針對房地產企業的激勵制度，員工通過項目跟投持股等方式變為企業合夥人，將利益趨向目標和企業同步，並將兩者的利益緊密且持續地聯繫在一起。「利益同享、風險共擔」，這種激勵方式利於房地產企業價值的長期提升，是一種很有效的可持續的激勵方式。隨著房地產青銅時代的到來，在激烈的競爭中，土地和資金等生產要素已經難以建立絕對優勢，而人才的作用和地位在房地產企業轉型發展中將日益顯著，所以，房地產企業市場將逐步變成管控模式和專業人才的競爭。而對房地產企業來說，在實現對員工的激勵的同時，也能夠實現企業的績效成長。因此，房地產合夥人激勵制度作為一種有效的、長期的激勵方式，逐漸受到房地產企業的青睞，得到越來越多的認同。

傳統企業的轉型需要資本金投入的項目，萬科的項目跟投制度值得深思與借鑑。採取類似萬科的合資、跟投制度等，將收益拿出來與人才共享，人才也與企業共擔風險，從雇傭關係轉變為合夥關係，由雇傭體轉變為利益共同體、事業共同體、命運共同體，共同做大公司、分享公司必然成為公司人力資源管理的新趨勢。

3. 員工的內部創業激勵

內部創業作為一種激勵方式，不僅可以滿足員工的創業慾望，同時也能激發企業內部的活力，改善內部分配機制，是一種員工和企業雙贏的管理制度。實施合夥制經營模式，就是要採用紅利分配與內部資本的雙重獎勵制度，以有效激勵內部創業行為。該模式賦予創業團隊行動自由，但同時要求他們對核算成果負責。在該模式下，對於創業成功的獎勵，除給予升遷選擇外，還設計了分享成果紅利，以及給予可供自由支配的內部資本作為額外的獎勵。只有當人才參與公司的經營決策、融入創業合夥團隊時，他們才能找到真正的歸屬感。曾有一位小米員工對加班表達了這樣的看法：「如果你找一份工作，天天加班當然是不行的，但如果是創業就不同了。創業是一種生活方式，你在為自己而活。」

連結1-25　合夥人：變「給公司打工」為「給自己打工」[①]

可能有人會說：「既然員工沒干勁，那提高工資不就行了嗎？」可問題是，假如一家企業有1,000名員工，每人每月增加工資200元，這家企業一年就要增加240萬元的薪水開支。而事實上，薪水增加200元對員工的激勵作用是極小的，效果也是很短暫的——一段時間，員工的工作積極性便會降下來。也許有人會說：「我們公司不缺錢，在待遇方面可以多次提升。」可問題是，這樣能從根本上解決問題嗎？能撕去員工給自己貼上的「打工仔」的標籤嗎？在傳統雇傭制的企業中，你想讓員工沒有「打工仔」的心態是不太可能的，因為員工本質上就是在為公司打工、為老闆賺錢。要想徹底消除員工的「打工」心態，最好的辦法是用合夥制代替雇傭制，讓優秀的員工成為公司的合夥人，建立公司的合夥人晉升通道，讓員工從

[①] 姜博仁. 新合夥制：移動互聯網時代的新型企業組織模式 [M]. 北京：人民郵電出版社，2016：35.

「給公司打工」變為「給自己打工」，這樣員工才會充分發揮工作的主動性、積極性。合夥制可以給人擁有感，凝聚合作夥伴。這個擁有感不只是法律意義上的擁有概念——共享資本、財產、分紅等，還包括了參與經營、決策，在企業內部為人才創造創業的條件，變「給公司打工」為「給自己打工」。

四、合作制推動商業模式創新

合夥制經營模式下，企業越來越具有生態戰略觀，平臺成為產業營運的核心，以平臺為核心的產業生態在一定程度上取代了以超級企業為核心的產業集群。在此基礎上，社會化、開放化的大規模協作分工補充、完善甚至替代了傳統的分工合作。在平臺上，資本、企業家和員工的關係也出現了重大變革，出現了一批自雇傭、自組織、動態聚散的自由連接體。企業平臺通過不斷吸引新項目，將項目跟投擴大化，將產業鏈上下游也變成合作夥伴，建立了企業平臺生態系統。如果產品供應商也成為企業合夥人，偷工減料的問題就能從根源上杜絕，產品質量得以保證。這相當於將產業鏈的利益相關者也發展為企業合夥人。

合夥制商業模式創新的背後源於新商業文明秩序的重構，責任、擔當、合作、領導力、堅守，是新商業文明的核心內涵。合夥制經營模式的背後正是新商業文明秩序的重構。新商業文明需要更高、更明確、更遠大的目標，最大限度地激發每一位員工的潛力。枯燥重複性的工作遲早會被更具挑戰性的、可以提升個人和企業價值的工作所替代。企業家拋棄了原來的短視行為，不再簡單地追求短期盈利與股東當期回報，更多地關注與社會、顧客、員工和環境的關係。

第二章　合夥制助推現代商貿服務企業管理改革

第一節　現代商貿服務企業發展的瓶頸

　　傳統的商貿服務業主要指商務部門主管的、與企業商務貿易活動以及老百姓的生活密切相關的批發業、零售業、住宿業、餐飲業、租賃業、商務服務業、居民服務業以及物流業、典當業、拍賣業和部分娛樂業等其他服務業。隨著商貿服務業的現代化推進，技術與業態的不斷創新，以及製造業與服務業的深度融合，現代商貿服務業的具體產業內涵應包括一切實物貿易和商業服務貿易活動及其組織，即現代交通運輸業、現代零售業、現代服務餐飲業、住宿業、現代物流業（包括第三方物流和第四方物流）、中高級批發市場、電子商務業、租賃業、拍賣業、典當業、舊貨業、商業服務業、會展業、商業信息業、商業諮詢業，以及各類生產企業的分銷渠道組織。

　　經過多年的經濟高速增長，中國商貿服務企業累積了不少問題，一些矛盾也越來越突出，如國企改革、管理粗放、經營模式落後、經營管理人

才缺乏，創新不足等問題。

一、國企改革問題

國有企業決策機制靈活性不高，某些國企存在權、責、利不匹配，內部管理不規範，管控權缺乏制約，監督不到位等問題，很難真正激發員工的「二次創業」熱情，不能發揮員工的創造性。業務單元與公司服務後臺之間的矛盾難以解決，後臺服務部門往往難節制、難考核。繼續深化國企改革，可以發揮企業中各類人才的積極性、主動性、創造性，激發各類要素活力，這是實現國有資產保值、增值的重要途徑。

連結2-1　廣物汽貿的「合夥人計劃」助推混改[①]

廣東省廣物控股集團有限公司（簡稱「廣物控股集團」）是國家重點培育的全國20家流通領域大集團之一。廣物控股集團旗下的廣物汽貿通過實施「合夥人計劃」機制探索改革新方案。廣物汽貿以員工持股為核心，展開了以激活下屬公司為目的的中長期激勵計劃——「合夥人計劃」。該計劃是建立在虛擬股權激勵基礎上的模擬合夥制，其目的是實現企業與管理人員之間的利益共享、風險共擔。在權益機制設計上，虛擬合夥人享有企業的部分決策權、增值權和分紅權，不實際擁有公司股份。「合夥人計劃」有助於實現參與的子公司從國有獨資到多元股權企業的轉變，推動企業形成靈活高效的市場化經營機制，提高國有資本配置和運行效率。

二、管理粗放問題

中國商貿服務企業目前多為粗放式管理，重規模、輕效益，經營成本

[①] 袁佩如. 廣物汽貿「合夥人計劃」啟動 廣物控股持續發力混改亮點多 [EB/OL]. [2017-09-15]. http://static.nfapp.southcn.com/content/201709/15/c677496.html.

高，不願分享收益。在商貿服務領域，企業熱衷於「大魚吃小魚」式的併購，但這些併購往往淪為「燙手的山芋」，存在較大的投資風險與整合風險，無助於經營模式創新與產業升級，甚至會使企業陷入融資難的窘境。成功的企業多是通過資本、市場資源、供應鏈業務資源之間的合作實現的。該方法一方面可以讓各方相互取長補短、各自保持著相對獨立的決策權、經營權與業務交流；另一方面也可以降低企業由於併購帶來的潛在危險，實現雙贏。

中國商貿服務企業還呈現商貿服務企業人工房租等經營成本偏高、利潤率低的趨勢。連鎖網點一般都是租賃物業，而物業租賃成本很高。作為勞動密集型的商貿服務業正面臨人力成本攀升的問題。例如，大型零售企業杭州聯華華商集團的人工費用約占總成本的一半，房屋租賃費用接近總成本的二成，這兩項成本就超過總成本的三分之二。隨著人工房租等經營成本的不斷增長，商貿服務企業的利潤率不斷下滑。以零售企業為例，國外大型零售企業純利潤率在3%以上，而中國零售企業純利潤率平均只有1%左右。2011年，在中國零售百強企業中，外資企業平均純利潤率有3.75%，而內資企業只有1.2%。

商貿服務企業的一線員工所占比重較大，由於企業主不願分享收益，故在一線員工的激勵上存在諸多問題。因激勵機制缺失帶來的員工工作滿意度低、流動頻繁的問題亟待解決。在激烈競爭的環境下，解決一線員工流動性問題是企業做大做強的必經之路。在世界經濟一體化發展的程度越來越高的今天，市場競爭越來越激烈。企業管理的核心是最大限度地發揮人的主觀能動性和創造性，實現產品創新，降低成本消耗。

連結 2-2　商業連鎖企業的困境

商業連鎖企業老板，您有以下困惑嗎？

①督導、店長、導購抱著打工的心態，對企業長期發展並不關心；

②店員工作有能力，可忠誠度和執行力總覺得差了那麼一截；

③老板累得心力交瘁，事無鉅細都要親力親為，不得解放；

④經營目標定得很完美，落實到月、周、日時，總是不達標；

⑤單店銷量原地踏步，不斷增加推廣卻收效甚微；

⑥門店成本持續上漲，利潤增長卻不盡人意；

⑦連鎖贏利模式解決了「怎麼幹」的問題，可是沒有解決「為誰幹」的問題。

不解決員工「幹」的動力源泉的問題，上述問題會必然出現，連鎖企業擴張後勁乏力。

三、職業經理人制度存在局限性

在雇傭制管理模式下，職業經理人與員工總會有一種給人打工的潛意識，即使企業給付的薪酬很高、對員工很好，但是員工依然推卸推諉。雇傭制下，股東與職業經理人、員工永遠是雇傭關係，職業經理人、員工總是打工心態。依靠職業道德、職業精神、傳統的激勵機制無法激發人的潛能、轉變人的狀態。

新經濟與新技術給了無數人才創業成功的機會，這些創業企業顛覆了傳統企業。這種顛覆與被顛覆近乎形成惡性循環：企業中有能力、有夢想的人，不願受制於雇傭制，紛紛創業；企業中無擔當的人才，大部門人在雇傭制下本著職業精神做好本職工作，但並不會關心整體；員工找到了行業的痛點，出走創業，侵蝕和顛覆原來從事的行業。雇傭制固化了公司的管理機制，束縛了人才的發展，成了這個惡性循環的加速器。

改變員工的職業經理人身分，從雇傭與被雇傭的勞資關係轉變為共同創業的合夥關係成為在新時代背景下管理學的新課題。公司變成事業平臺，給人才提供更好的機會與資源。企業領導者應讓人才變身為合夥人，讓人才借助公司的平臺創業，實現人才的人生價值與創富夢想，徹底激發公司的人才價值，而更多人才的創業共同鑄就一個生態型的平臺企業。

四、經營模式相對落後

目前，中國零售企業採取的經營方式以聯營、保底、扣點等為主。零售行業存在零供關係緊張，同業競爭不規範等。零售企業通常會將攤位出租給品牌商，做「二房東」收取通道費。在此模式下，零售企業並不參與購、銷、調、存的商業管理，自廢「武功」，逐漸成了「物業管理」。商品定價權和市場也不在零售企業手中，而是被品牌商控制。另外，大量流動資金投資於物業租賃，加劇了企業經營資本的匱乏。在片面追求規模的引導下，零售企業出現發展質量不高、發展結構失衡、低水準重複投資等問題，這些問題已成為限制零售業發展的瓶頸。

五、人才瓶頸問題

社會發展進入 21 世紀之後，經濟發展的主導資源就開始發生轉移。不再是資本，而是知識信息。一個企業如果擁有創造性人才，就會在相對較短的時期內，實現一種快速發展，累積充分多的物質財富。企業存在和發展不再主要依賴於資本，而是依賴於載負知識信息和聰明才智的人力資源。同時，整個流通市場的全球一體化步伐加快，全球化的市場競爭加劇，這就使企業的發展普遍感到缺乏人才，從而使人才成為企業發展的一大瓶頸。全球化的資本過剩，使資本不再成為瓶頸資源。企業對人才的依賴越來越大，人才也顯得越來越稀缺，越來越成為企業發展的瓶頸。商貿

服務業絕大多數屬於勞動密集型，都面臨「招工難」問題，人工費用約占總成本的一半，因而人力資源和人才潛質的開發尤為重要。目前，商貿服務業陷入招人難、管人難、育人難和留人難的怪圈，如圖2-1所示。

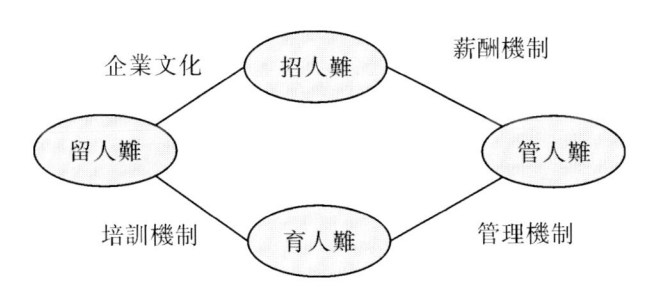

圖 2-1　商貿服務業的人才怪圈

連結2-3　人才困惑

A公司做了不少門店改造、商品項目，但時間不長又恢復原樣。

A公司試過股權激勵，結果出現了一批「大爺」，自己不好好干活還影響其他員工。

員工執行力不強，一大堆制度束之高閣。A公司做過一套完善的績效考核制度，可執行不下去，結果是不了了之。A公司員工的職業素養不高，管理層制定再好的流程（例如價格帶、補貨流程），員工卻在看有什麼漏洞可鑽。A公司一切的技能培訓與改革在員工看來都只是意味著加班。

A公司老板很勤奮地學習專業知識，變得比員工還專業，員工怎麼也跟不上趟。因為提成制、計件制都是「為公司干」，沒人會真正關心浪費的問題。A公司開新店，店長也入了股，可效果不好。

第二節 合夥制與現代商貿服務企業改革

一、促進混合所有制改革

十八屆三中全會通過的《中共中央關於全面深化改革若干重大問題的決定》提出「允許混合所有制經濟實行企業員工持股，形成資本所有者和勞動者利益共同體」後，從央企到地方國企逐步展開了混合所有制改革進程。合夥制對中國企業混合所有制改革提供了較好的經驗與借鑑。合夥制模式能夠確保經營性人力資本的自主經營權、劣後分享權和長期合約權，防止物質資本對經營性人力資本三權的過度干預，避免因「道德風險」和「逆向選擇」帶來的企業價值折損風險。

合夥制靈活多樣的出資形式以及股權投資的廣闊空間，能夠極大地調動民間資本的積極性。公司融資需求可通過內部合夥人體系解決。在合夥制管理模式下，企業決策者能夠更有效地管理市值和鞏固控制權，更有利於推動企業的上市進程。

連結2-4 浙江物產集團與王府井集團的混改

（一）浙江物產集團的「二次混改」[①]

2015年，浙江物產集團已經完成了混合所有制改革，讓經營層、骨幹員工持股，激勵經營層、員工從自身和全局利益角度去關注企業的經營績效和風險，為取得自身長期利益和企業長遠利益最大化而努力工作。目前，浙江物產集團提出了「全員創新、合夥創業」的新思路，開啟「二次

[①] 曾楊希. 物產中大集團將開啓「二次混改」[EB/OL]. [2016-08-31]. http://zjnews.zjol.com.cn/gdxw/ycxw_zxtf/201608/t20160813_1844387.shtml.

混改」新里程。「二次混改」主體內容涵蓋了人才機制、投資主體股權多元化以及相關公司股權結構動態調整等方面。

浙江物產集團混改的 1.0 版是人人持股，後來的 2.0 版是骨幹持股，3.0 版為動態股權。「二次混改」要求改變原有的股權結構，不出力的股東不再坐享其成，真正出力的骨幹持股增加，新的股權結構不再是一成不變，而是隨著企業發展和價值貢獻而動態變化。物產電商公司是「二次混改」中的成員企業之一，該公司在第一階段對本級 10% 的股份進行股改，以自有資金和集團混改基金 1：2 配比形式，由公司中層骨幹以上員工入股，讓所有者、經營管理和生產者通過適當形式參與企業經營管理。在第二階段，物產電商公司擬在下屬公司推行二次改革，形成「國有資本＋團隊合夥企業＋生態合作夥伴」的股權結構，目前公司旗下物產企事通合資公司已試行該模式。第三階段是建立核心員工跟投創新業務平臺，並逐步在公司各領域落地，建立捆綁核心員工利益和企業利益的跟投制度，提升公司持續長久發展的核心驅動力。

（二）王府井集團引入事業合夥制[①]

王府井集團逐漸裂變為百貨、購物中心、奧特萊斯、電商四大板塊，原有的管理結構亦在新的業務體系下急遽轉變。作為「國資隊」商業企業，為了讓企業更有活力，王府井決定引入事業合夥制，讓管理層持有股份。過去，王府井百貨集團的組織架構主要由股東大會、董事會、監事會、董事會辦公室、總裁以及總裁下屬的各分部和各地區門店構成。按照計劃，王府井的新模式將給予各業務板塊管理層更多的管理權和決策權。同時，分散在全國 28 個城市的 47 家門店還將實現營運管理區域化，各個門店將按區域劃分形成區域公司分管門店。從原有業務單元拆分出的王府

---

① 王志靈．王府井再提轉型：業態改革與合夥人制度並行［N］．21世紀經濟報導，2015-09-30（3）．

井購物中心商業管理公司，實現了管理層參股的事業合夥制管理。未來，王府井新開發的購物中心項目不僅將半數採用委託管理，還在激勵機制上有所改變，可以自願跟投新項目。此次改革後，獨立公司將自負盈虧，部分項目可自願跟投，王府井將對合夥人以及各個業務子公司核心團隊適時進行股權激勵，並對旗下業務子公司進行股權多元化改造。職業經理人變為實業合夥人，管理層與公司利益捆綁實際更容易激發經營氣勢。

二、承接雙創戰略，推動和保障實體經濟可持續健康發展

在傳統經營模式下，物質資本可能抑制人力資本發展，影響企業的可持續健康發展，而合夥人內部創業制度能很好地規避這一問題。企業通過合夥制管理實現內部「雙創」，能夠激活企業內生創業創新動力與活力，這也是落實國家創新創業「雙創」戰略的表現。在「大眾創業、萬眾創新」背景下，未來的組織是一個合夥人的平臺，許多有共同價值觀、使命感的人為了一個共同事業走到一起。在創新活力較強的產業領域，合夥人近乎成為標配。例如，電商企業和知識密集型企業，合夥制管理除了通過一定的股權和分紅權來綁定人才，更重要的是為企業找到志同道合共同奮鬥的人。Berle 和 Means 通過對美國公司的調研後發現，現代企業的兩權分離機制很難確保管理者的成功經營，價值觀的認同和主人翁的精神是不可替代的。

三、企業發展的動力機制改革

新經濟時代的變化越來越快，沒有人能無所不能，合夥制管理將公司由一個「火車頭拉著火車跑」的模式，升級為了「動車組」模式（每個車廂都有一個發動機和驅動力）。企業不斷做大做強需要有一個強大穩健的、足夠有想像力的架構體系做支撐，生態型的合夥制無疑是最佳的

選擇。

合夥制管理的目標是構建企業與人才的「利益共同體、命運共同體」，幫助企業實現可持續發展。在合夥制管理模式下，企業利益、員工利益、外部合作方利益綁定在一起，鼓勵員工在內部創新創業，促使外部合作方更長久地與公司共進退，所有的業務相關人士都可以助力企業前進，所有人都參與其中。

員工和合作方自動轉換自己的角色定位，從被動的打工者心態、局外人的心態升級為主動的主人翁心態，真正實現「利益共同體」到「事業共同體」再到「命運共同體」的轉變。

連結 2-5　合夥制度將是驅動零售業連鎖門店轉型升級的必由之路[①]

1. 打造創業平臺，轉變員工身分，發揮合夥人才能成為連鎖門店類企業的必然趨勢

在經濟新常態、新技術的衝擊下，連鎖門店過去的打法和管理模式慢慢地失效。對於擁有一定規模且力圖發展的企業，轉型升級成為必走之路，從產品迭代到經營升級再到打造「生態化」的企業是轉型的根本之道。驅動企業轉型過程中，最為重要的因素是人才。為了實現快速轉型和業績提升，越來越多的連鎖企業以打造創業平臺，吸納核心員工成為「合夥人」，通過核心員工身分的轉變，充分發揮人才的積極性，驅動業績達成，實現可持續發展。

2. 打造企業內部的市場化運作與門店的獨立化營運正在成為連鎖門店類企業的擴張途徑

基於連鎖門店分散的特點，總部對連鎖門店的控制力度並不強，連鎖

---

① 佚名. 連鎖門店類企業合夥人機制深度解析 [EB/OL]. [2018-01-18]. http://www.sohu.com/a/217549676_680621.

門店的管理將要更多依賴店長管理和機制化驅動。門店將不再有統一的業務層面的標準和流程，獨立化營運將成新的常態。通過讓員工走向市場，鼓勵內部競爭，讓市場倒逼門店創新發展，從而激發合夥人及員工活力，推動連鎖門店的擴張。

3. 實現戰略人才與門店的「共創、共擔、共享」是連鎖門店類合夥制管理的核心目標

通過實行「合夥制管理」激發人的潛能、轉變人的狀態。企業中有能力、有夢想的人，有擔當的人才，在原有雇傭制下本著職業精神做好本職工作，但並不會關心「經營和發展」。合夥制，讓人才從打工變成合夥，共創事業、共享利益、共擔風險，讓有夢想的人有發揮的平臺、讓無擔當的人必須轉型，徹底激發公司的人才價值。

四、強化人力資本價值，助推價值分配製度改革

我們需要公司裡有更多的人，不是來打工，而是真正能夠把企業看成自己的事業。希望一些中高層管理人員，包括業務骨幹，逐漸成為合夥人。即使成不了360的創始合夥人，也可能成為不了360集團的事業合夥人，但可以成為360旗下業務的創始合夥人，一樣可以擁有旗下公司的股份。我將從個人股權中拿出10%，用來尋找合夥人。

——周鴻偉（360公司董事長）

隨著知識經濟的崛起，人才成為企業最有價值的資本。企業該用什麼樣的工具和制度把人才留住並形成生產力？這個機制就是合夥制。合夥制有利於人力資本產權價值歸位，強化人力資本產權性收益分享化、泛眾化，進一步均衡整體收入分配結構，更寬泛地提升中產人群數量，推動從

經理人社會到合夥人社會的轉型。合夥制下，資本、員工之間的利益分配更公平，員工對企業利潤的分享，能更好地滿足員工對財富自由的追求，在企業平臺進行創業做「二老闆」，成為既是經理人又是財富擁有者的合夥人。外部合夥制管理改善了零售商與供應商的矛盾，使得零供雙方共同關注成本和銷售。

連結 2-6　知識資本化

任正非從 1987 年創辦華為到現在，沒有引入任何外部資本。目前，華為有約 16 萬名員工，研發人員占了近一半，其他人絕大多數也都是知識工作者。華為是一個典型的知識密集型企業。華為在創業的早期就推行了員工持股計劃，目前有近 8 萬人持有公司股票，任正非持有公司 1.4% 股份，其餘股份全部由員工持有，沒有任何外部股東。符合績效條件的員工每年按照經過審計的每股淨資產購入公司股票，每年享受分紅。高科技行業需要大家一起進行利益分享，員工持股就是知識資本化，讓員工分享企業的利益。正是因為員工持股，才使華為團結了這麼多的人。股權激勵的核心是利潤分享權，在企業實踐中，也有公司提供部分利潤分享權給員工，認為這也是合夥制度的一種形式。例如永輝超市的合夥制度本質上是和員工分享自己所在門店的超額利潤，通過利益捆綁起到了很好的激勵效果。

五、企業組織生態變革

隨著人才在生產要素中的地位越來越高，合夥制已經成為企業組織生態變革的一個重要方向。在合夥制下，資本雇傭勞動更多變為資本與勞動的合作；單純的雇員變為兼具股東身分，打工仔變為合夥人，資本與雇員更多地融合。由於股權結構優化，股東之間的權力相對更均衡，雇員話語權更大，管理架構扁平化更普遍（比如互聯網企業更為明顯），分權成為

常態。雇員之間更多體現為合夥、相對平等，而非傳統的上下級等級關係，官僚主義空間會變得更小，內部的監督更有力，部門之間的利益競爭會變小。

連結 2-7　重建組織生態[1]

以不斷拓展門店的方式實現企業擴張的連鎖企業，常常面臨人才缺乏的窘境。尤其在企業快速成長時期，新門店擴張速度很快，但是公司沒有足夠的人才和資金支撐，而此時，很多企業鼓勵員工利用企業資源自主創業，還會為員工提供一定的金融支持，以入股的方式為員工提供創業資金。這種方式最容易實現企業與員工雙贏，也非常適用於不斷規模擴張的連鎖企業。

分級合夥人的理念可以實現員工激勵，目前主要包括展店合夥人計劃和合夥人晉級計劃兩個部分。前者是企業通過提供一定的股權和分紅，鼓勵有能力的老員工參與新門店建設；如果有員工想要自己開店，企業同樣為其提供多項幫扶措施，幫助其開店；對於新開的門店，企業擁有絕對控股比例，創業員工擁有小部分股份，雙方合夥經營。後者針對現有合夥人設計，如果現有合夥人的經營業績出色，達到一定要求，就可以向企業申請晉級，將手中持有的部分股權額度晉級為區域公司甚至公司總部的股權。如果企業上市，合夥人就可以轉入「總部合夥人計劃」，晉級為總部合夥人。

現在，越來越多的合夥人以達成事業目標為紐帶，更加緊密的合作。從某種意義上說，事業合夥人可以被看作一種分享機制，合夥人帶來的是資源、才華、資金等，也一起分享團隊創造的成果。同時，有了合夥人的加入，企業能夠得到更快速的發展。不管是開拓了新的市場，提升了銷售

---

[1]　佚名. 中國合夥人大會：合夥人模式，下一個老闆就是你 [EB/OL]. [2016-09-02]. https://www.sohu.com/a/113333596_216213.

業績，還是創新原有的產品研發，合夥人的到來都是為了實現「1+1>2」的聚合效應。如今的零售業正處在風雲變幻的轉型時期，各方面資源難以支撐企業的穩定的增長，企業內部也缺乏持續前進的動力，而合夥人的到來會打破原有的節奏，為企業帶來新的活力。

第三章　現代商貿服務企業合夥制治理創新與典型案例

第一節　合夥制治理創新分析

一、協調了董事會和股東大會之間的矛盾

在以董事會為中心的公司治理模式下，誰能夠取得董事的提名和任命權，安排代言人進入董事會，誰就實際控制了企業。傳統的治理機制下，董事會成員一般是由大股東決定的，中小投資者在企業董事會成員的選舉中沒有實際的話語權。如果企業合夥人團隊是那些對企業最有感情的創始人、傳承著企業優秀文化的管理者或技術精英，則合夥制度將獲得眾多小股東的青睞。因此，合夥制將有效緩解中小股東對董事會各項決策的擔憂，進而協調了董事會和中小股東之間的矛盾。

當然，合夥制管理不是對公司股東大會與董事會治理機制的替代，而是豐富和完善了它們的內容。一般情況下，合夥人會議的內容不涉及日常經營和治理，只是基於共同的目標和價值觀，議定重大決策及實施理念。

因此，合夥人會議更有點像黨委會，股東大會、董事會會、各種經營會議仍然是各司其職。有時，合夥制更多的是通過對人的安排來影響公司治理和經營管理。例如，有些企業合夥人享有關鍵人事決策的提名權，但正常的人事任免程序仍須按照公司的治理機制和管理機制進行。

連結3-1　阿里巴巴的合夥人治理模式

阿里巴巴的合夥人治理模式是建立在平等合作基礎之上的，合夥人與其他股東和董事會之間通過合作解決問題。合夥人是企業營運者、業務建設者、文化傳承者以及股東，成為合夥人的標準是在阿里巴巴工作5年以上，具備優秀領導能力，願意為企業文化和使命竭力貢獻。合夥人制度使管理權和決策權迴歸企業核心高管，保護企業與股東的長期利益，同時，合夥人與董事會共同決定公司的重大決策，彼此之間相互信任。他們的良好溝通和協作能保證機制的有效運行。合夥人不設定固定人數並且每年都會接納新的合作者，激發了管理層的工作熱情，達到了資源共享和利益共享，促進了治理機制的健康發展。

二、創業團隊強化了實際控制權

合夥制最直接的作用就是能夠強化並鞏固創始人對企業的實際控制權。合夥制雖然給予管理者及員工話語權，但從實際運作看，合夥制的實施通常都是由企業創始人提出的，合夥人的構成主要由創始人把關。因此，合夥制度的運作核心依然是創始人，創始人通過合夥制度來吸納對企業有突出貢獻及符合企業文化的管理人員和員工，並通過他們增強自身的話語權，從而應對股權流失的問題。為降低敵意收購風險，有些企業通過合夥制運作，將實際控制權與股權有效隔離。在這種情況下，敵意收購者即使獲得多數股權，也不能有效控制公司或者更換管理層。因此，合夥制

管理模式下，公司對敵意收購者的吸引力降低，使得合夥人團隊牢固而又穩定地掌握著公司控制權，構建起極強的反收購防禦體系。同時，管理層不必採取任何抵禦敵意收購的短視行為，可以專注於其長期戰略目標，進而實現公司的可持續發展。

三、釋放經營決策權

在合夥制管理實踐中，一些企業的經營決策權擴展到合作網絡上的合夥人。合夥制讓每一個獨立經營體有了自主性，不再是純粹的員工身分，而是一個自主經營體。企在形成自主經營體之後，應盡量將決策權交給經營一線。比如永輝做生鮮訂貨，多了容易壞，少了容易缺貨，總部決策又遠離市場，與一線採購有一定的協同障礙。企業形成合夥人團隊後，讓他們承擔自主經營責任，使其決策更接近市場一線。以溫氏的養殖場為例，如果溫氏集團派員工去管理，那麼管理成本非常大，而且員工的責任心和工作穩定性都難以保證。若溫氏集團採用合夥機制，即便養殖戶在地域上十分分散，但是由於這些養殖戶會盡心盡力去工作，故而減少了管理成本，且提高了效率。

連結 3-2　酷鋪商貿的經營者身分由被管理者轉為合作者

經營者身分由被管理者轉為合夥者是酷鋪商貿合夥人計劃的核心，即經營者對其門店商品在商品採購、行銷活動、招商管理、人事管理等方面有了充分的經營自主權。該計劃立足於從經營利益的角度不斷提出管理變革需求，倒逼旗下傳統零售企業的管理型總部向服務型總部轉變，有利於改善門店管理流程、提高決策效率，進一步提高營運效率、逐步下降營運成本，推動超市實體店的經營管理水準提升。合夥人計劃給經營者充分放權，經營者是否優秀對未來門店的發展良好與否至關重要。對此，酷鋪商

貿推出一系列合夥人培訓課程，在選拔、招募適應公司業務發展需要、具備門店經營管理基本能力素質的合夥人的基礎上，通過對其進行企業文化、管理營運、業務技能等課程培訓，使其逐步成為合格的合夥人。例如：酷鋪商貿的新洲店於 2017 年 8 月份實行合夥經營，實現從被管理者向主人翁角色的轉變。新洲店店長侯志興提出了門店團隊合夥制，將合夥經營保證金分為 100 股，店長占股 40%，剩餘 60% 由門店員工認購，全員共同持有門店股份。同時，2017 年 9 月起，酷鋪商貿實行水產承包制，由門店「老板們」自主挑選水產品項，親自檢驗水產質量，實現水產品損耗率接近於零，銷售額大幅提升，由 8 月份的 17,000 元上漲至 9 月份的 45,000 元。

四、拓展了企業家資源與創新機會

企業家資源和創新機會是稀缺的，如果一個企業想不斷擴張，其最大的瓶頸為企業家資源和創新機會。如果企業家資源和創新機會都要從內部產生，是非常有限的，那麼公司可以以公司平臺為基礎，通過投資、合作等機制，整合以全社會為範圍的企業家資源和創新機會，並且這些資源和機會還經過了市場競爭的篩選。比如阿里巴巴通過對螞蟻金服、菜鳥物流、銀泰百貨等投資，擴張了自己的業務版圖和模式重構，撬動了外部的企業家資源和創新機會。

連結 3-3　安家萬邦

安家萬邦是為社區營運提供服務整合的平臺型企業，順應經濟發展浪潮，以合夥制管理為內核建設創新創業孵化平臺（即合夥人平臺）。安家萬邦通過合夥人模式為行業人才提供更好的生存發展環境，同時也依託人才薈萃的合夥人團隊為公司客戶提供更多元、更精準、更優質的項目服

務。安家萬邦除場地設施、行政人事、財稅法務等常見創業支持外，還向合夥人分享公司的品牌、業務、營運、場地和資金，讓合夥人利用安家的資源和能量實現盈利、實現創業夢想。同時，安家萬邦也將與合夥人群體共生共長，形成龐大的商業生態閉環。

五、風險投資機構的監督作用得以強化

文獻研究表明，機構投資者在投資後會積極參與被投資企業的公司治理，並通過加強對被投資企業的各項監督去保證和提高自身的收益水準。一般情況下，企業實施合夥制後，公司中部分大股東的話語權必然會受到一定程度地削弱。從電商等新興經濟領域的企業股權結構來看，風險投資機構通常是持有大量股權的大股東。在這樣的現實情況下，只有少量話語權的風險投資機構將如何保證自身的利益，成了其面臨的關鍵問題。因看好這些企業的長期收益，風險投資者並不會考慮退出。因此，加強監督成了其唯一能夠採取的風險控制手段。這些風險投資機構的有效監督會促使企業的各項操作流程更為規範，各項決策更有理有據，最終提升企業的公司治理水準。

六、文化紐帶作用得以凸顯

合夥制的特點是人力資本驅動物質資本，每個合夥人都能獨立自主地驅動業務，在組織與管理上也是高授權、扁平化。因此，要靠很強的文化紐帶來實現彼此連接。合夥制改革的前提是建立合夥文化紐帶。要成為合夥人，就要有合夥人的標準、合夥人的工作作風，當然也會有合夥人的利益機制。比如永輝、農村淘寶的合夥人計劃，賦予這些合夥人的不僅是激勵，也是一種身分、文化符號，一種當家做主人的事業狀態和工作狀態。

七、實現了扁平化管理

商貿服務業進入互聯網時代，客戶需求快速變化，組織結構應迅速調整自身模式以適應環境變化，如加速投放新的產品、迅速回應顧客需要等。金字塔結構、科層制管理下，許多企業組織結構過於臃腫複雜，難以對急遽變化的市場做出迅速的反應。

合夥制能淡化科層權力控制模式，實施多層次的、扁平化的權力分散模式，讓每一個大腦「自由的思考」，不受權力束縛，然後將眾智慧集合在一起快速地滿足客戶需求。

第二節　阿里巴巴集團案例[①]

下一輪競爭，不是人才競爭，而是合夥制度的競爭。
——馬雲（阿里巴巴董事局主席）

一、阿里巴巴案例介紹

（一）阿里巴巴合夥人管理制度

阿里巴巴「事業合夥制度」的實質內容就是「阿里巴巴集團上市後，阿里巴巴合夥人有權提名阿里巴巴過半數董事」，如圖3-1所示。關於合夥人的規定：「馬雲和蔡崇信為永久合夥人，其餘合夥人在離開阿里巴巴或關聯公司時，其合夥人職位同時終止。在作為合夥人期間，每個合夥人都必須持有一定比例的公司股份。」其真正的實質就是「永遠不會讓資本

[①] 王冠雄. 阿里巴巴合夥人制大剖析 [EB/OL]. [2017-01-07]. http://www.sohu.com/a/123684904_498916；駱小浩. 上市公司控制權安排研究 [D]. 廣州：暨南大學，2015.

控制企業」。「合夥人」這一公司治理機制,能夠使公司核心高管擁有較大的戰略決策權,減少資本市場短期波動的影響,從而確保客戶、公司以及所有股東的長期利益。同時,管理層並不是謀求對企業的控制權,而是因為文化對於企業,尤其是互聯網企業所具有的重要作用,故要保持並發揚阿里文化。

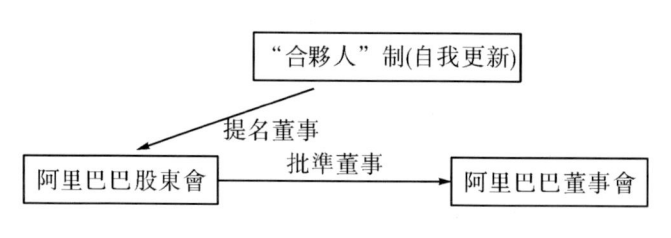

圖 3-1　阿里巴巴合夥人制示意圖

阿里巴巴從 2010 年開始試水合夥人制度。其基本內容是在公司章程中設置的提名董事人選的特殊條款:由一批被稱作合夥人的人,來提名董事會中的大多數董事人選,而不是按照持有股份比例分配董事提名權(合夥制的法律規定)。需要注意的是,阿里巴巴所稱的合夥人權責是有限的,他們並不能直接任命董事,所提名的董事,仍須經過股東會投票通過才獲任命,如果股東會不通過,合夥人可以一直提名。合夥人的更新來自自我更新,推選新的合夥人需得到所有合夥人 75% 的投票支持,而罷免合夥人則需要得到所有合夥人 51% 的投票支持。合夥制的對象是一個動態的實體,每年都會補充新成員;一般為高度認同公司文化、加入公司至少 5 年的特定人士,主要指資深高管。其模式是成立一個合夥人團體,該團隊擁有董事會成員的提名權。由於該模式成功地分離了所有權和控制權,從而使得控制權不會因為股權的減少而落入他人手中。

阿里巴巴的合夥制更多的是治理結構層面的制度安排。其最核心的特徵是「同股不同權」。這裡的「不同權」指的是董事會的人事權,是通過合夥人治理機制與平臺(合夥人委員會),來使公司的創始人和核心經營

層掌握治理層的人事權，從而保證對公司的有效控制。阿里巴巴的合夥人委員會享有三項權利：合夥人擁有董事會半數以上（5席）董事的提名權，包括被否決時的重新提名權；合夥人擁有任命臨時董事的權利；合夥人擁有提名、推薦、選舉、認定合夥人的權利。馬雲及阿里巴巴管理層持股比例遠小於軟銀及雅虎，但通過三方面的控制，阿里巴巴的控制權得到有效實現。這三方面的控制是：對股東會重要事項的決定性影響；對董事會的控制；對經營管理權的控制（合夥人成員基本為集團及其核心子公司的經營管理人員）。

（二）合夥人情況

阿里巴巴合夥人數量較多，沒有上限且不斷變化，那麼合夥人之間的關係應當如何處理？如何共同提升？合夥人與其他股東的關係又怎麼去處理？上述問題已通過下列措施得到解決：

首先，合夥人委員會審核候選人，確保候選人的利益取向；候選人由現任合夥人推薦，擴大人才發掘途徑；合夥人不設人數上限，打通重要員工的上升通道。

其次，公司新的合夥人需獲得超過75%的同意票，避免新合夥人帶來的矛盾；合夥人選舉為一人一票制度，合夥人之間權利平等。相對於雙重股權結構下公司創始人及其管理團隊享有公司超級大的投票權但是人數較少，阿里巴巴合夥人制度參與決策的合夥人數量較多，有利於形成集體決策、克服個人或者少數人決策帶來的弊端，從而為公司做出更明智的決定。

最後，合夥人利益與公司利益綁定。合夥人的任職條件要求合夥人有一定的持股比例，並對合夥人的持股及轉股有限制與要求。

二、阿里巴巴合夥制管理分析

阿里巴巴合夥制度的創新使得香港證券交易和滬深證券交易監管面臨新的挑戰。阿里巴巴合夥制度並不僅僅是合夥人內部的制度。該制度通過公司章程在公司內部形成規範性文件，公司的股東、董事、管理者、監事等公司內外各利益相關者均需認可並遵循該文件，從而使得阿里巴巴的合夥制成為公司治理體系創新的基礎。該體系是公司治理制度中結構化安排的初嘗試，歷史性地發揮了公司合夥人治理體系的優越性。阿里巴巴公司通過迄今為止最大規模的 IPO 成功登入美國資本市場，豐富了公司治理體系，將成為公司治理體系創新的經典案例。

1. 股權與公司控制權的分離

公司通過非正式制度實現了合夥人對公司的有效控制，成功地分離了股權和公司控制權，使得公司在最大程度上擺脫了資本決定管理的局面。合夥人治理體系有效規避了股東大會對公司控制權的直接干預，通過對董事會的提名和組成，有效地實現了合夥人對公司重大事項的控制，把對公司而言不重大的事項和決定均勻地分配給其他投資者。從該角度上看，阿里巴巴採用的合夥人制度下的合夥人享有的權利並沒有雙重股權結構下部分股權享有的高持股投票權所享有的集權化決策機制，通過該制度較好地實現了公司股票對投資者的吸引力。

公司合夥人管理團隊不受股東持股比例的影響。公司股東大會不能對董事的任命產生實質性的影響，即使合夥人團隊持股比例很低，合夥人仍然可以通過公司內部董事提名和任命來保證合夥人對公司的有效控制。雖然合夥人的持股比例會受到公司內部相關制度條款的約束，但是此類制度條款只能約束合夥人自身持股數量。只要公司章程中關於合夥人治理制度的相關約束條款未發生變化，合夥人完全不用擔心自身持股比例由於外部

事件而稀釋、股份被轉讓等。

阿里巴巴的合夥制度以不超過13.5%的股權強化並鞏固了創始人及管理層對阿里巴巴的控制，以協議安排法律結構，大大提升阿里巴巴的企業價值和合夥制度價值，也為公司的治理機制與激勵機制打開了創新空間。阿里巴巴合夥人制度是現代公司治理體系中私權分配製約的創新，該創新極度顯現了公司治理中私權進一步擴張的趨勢和特點。毫無疑問，在未來的資本市場發展中，仍然會出現私權不斷擴張的公司治理體制。阿里巴巴通過將合夥人治理體系和公司治理體系連接在一起，有效地實現了公司內部合夥人私權與資本權有效制約的創新。

2. 管理權和所有權的高度融合

合夥人之間相互平等，合夥人不僅是公司的經營管理者，更是公司的所有者。阿里巴巴合夥人體系較好地體現了一群合夥人的願景。而非單個或者幾個合夥人的願景。不同的合夥人之間通過簽訂合夥協議達到制約的目的。這與谷歌、臉書以及百度等科技類公司的雙層股權結構相比，具有更加民主和科學的特點。阿里巴巴合夥人制度是一種動態的相互制約體系，表現為股東大會、董事會、合夥人之間的相關聯動，追求在公司動態的持續發展中、快速決策和最大程度維護股東利益上達到最大平衡。合夥人制度有利於合夥人及公司管理者管理公司業務，摒除官僚主義作風和等級制度帶來的缺陷，較好地實現扁平化管理。阿里巴巴用合夥人制度來防止大公司病，克服官僚體系及等級架構。阿里巴巴目前有28位合夥人，其中有22位公司管理層，以及6位來自關聯及下屬公司，阿里巴巴合夥人分散到更多的高管成員中。

阿里巴巴把馬雲等創業團隊與軟銀等大股東之間存在的委託代理關係轉變為共擔風險的合夥人關係，不斷鼓勵公司的創業團隊在充滿未知的阿里業務模式發展中進行人力資本的創新和投資，有效地解決了信息不對稱

引起的道德風險問題。

3. 保持與延續了創始人文化

創業者親手創辦企業並且一路陪伴企業的不斷成長，創始人和公司具有天然的情感聯繫，在一定程度上創業者通常比其他人更希望公司可以永續存在。另外，創始人的名字、聲譽等無形資本都和公司存在聯繫，他們不希望自己創辦的企業淪為賺取短期利益而犧牲長期利益的工具，從而避免自己因為目光短淺而遭遇市場的唾罵、自身聲譽受損。長期合夥合約制度下，阿里巴巴合夥人實質上成了公司「不變的董事長」和「董事會中的董事會」。在現有法律體系下，合夥人制度不僅在一定程度上成為公司創業團隊阻止「野蠻人」入侵的主要手段，而且可以成為合約不完全下激勵公司創業團隊不斷進行人力資本投資和制度所有權安排的實現方式。相對於公司最終控制權落入追求短期利益的投資者或者敵意的「野蠻人」手中，由公司原始創業者及其團隊控制公司的重大經營決策無疑有利於公司的長期發展。

在阿里巴巴合夥人體系下，一方面，公司創始人及其團隊共同參與公司的生產經營活動，通過不斷交流和溝通，將創始人優秀的經營理念和文化保留在企業內部，並通過合夥人的更迭進行傳承；另一方面，在現有管理隊伍中「擇優」選出公司的合夥人，他們往往具有較豐富的管理經驗或者某一方面的特殊技能。此外，公司合夥人團隊的不斷更新可以使公司創始人及其團隊的經營宗旨很好地延續下來。

第三節　韓都衣舍電商集團案例[①]

> 公司應把決策力從老板身上放到員工身上。未來的韓都衣舍就像一支航母聯合艦隊，每一艘艦艇都有自己的動力、職能和航線，有自己的作戰海域，但同時又有集成的底層智能系統。我們不僅僅是一個高速聯動的系統，更是一個有生命的「生態體系」。
> ——趙迎光（韓都衣舍電商集團董事長）

一、案例背景

韓都衣舍電商集團創立於2006年，是中國最大的互聯網品牌生態營運集團之一。作為一家以「淘品牌」起家的企業，它致力於打造具有全球影響力的時尚品牌孵化平臺。韓都衣舍獨創的「以產品小組為核心的單品全程營運體系（IOSSP）」是企業利用互聯網提升營運效率的一個成功案例，入選清華大學MBA、長江商學院、中歐國際工商學院及哈佛商學院EMBA教學案例庫。

韓都衣舍的創立人是趙迎光，他在2008年之前的主要業務是代購，2008年後開始轉型，經營韓都衣舍，並於2016年12月28日起在新三板掛牌。2010年，韓都衣舍獲得「全國十大網貨品牌」的榮譽之後，IDG與其商談投資事宜。在一年後的2011年，IDG向其投資1,000萬美元，韓都衣舍拿到資金後沒有花大量資金鋪天蓋地打廣告，也沒有做實體店，只做

[①] 佚名. 被作為哈佛案例的小組制高度授權模式和事業合夥人制度［EB/OL］.［2017-08-13］. http://www.chinahrd.net/blog/399/469578/398858.html；佚名. 韓都衣舍的事業合夥人制度、賦能型小組制、阿米巴模式解讀［EB/OL］.［2017-08-11］. http://blog.sina.com.cn/s/blog_78cee0640102x24h.html.

了一件事，就是「屯人」。韓都衣舍的團隊規模從 400 人增加到 2,600 人，每年開發新品 3 萬款，相當於每個工作日都推出百餘款新品，這個數量已經超越了快時尚的領導品牌 ZARA。這些數據背後，都彰顯著人才的力量。在如今的新時代，人才已經成為企業競爭搶奪的重點。韓都衣舍從一個僅僅創業 6 年的小公司，一躍成為國內著名服裝品牌。2014 年，韓都衣舍的銷售額從 300 萬元躍升到 15 億元，利潤 8,800 萬元，在同年的「雙 11」狂歡節當天銷售額高達 2.98 億元，位居所有品牌第一位，比第二名優衣庫多一倍。面對國際知名服裝品牌優衣庫，追趕者韓都衣舍逐漸成為知名服裝品牌的領跑者。

二、公司層面合夥制管理

韓都衣舍在公司治理層面最重要的制度是合夥制。在創始人趙迎光的眼中，尋找合夥人就是他最重要的工作。韓都衣舍找合夥人是按照職業經理人的標準來找的，六位合夥人有不同的專業背景、不同的工作經歷、不同的思維方式，負責不同的業務部門，同時，股東與職業經理人身分完全重合，無須多協調一重關係。當時，六人的股份比例為：趙迎光 17.55%、張虹霞 9.78%、劉軍光 9.78%、杜廷國 6.38%、吳振濤 4.77%、張近東間接持股 0.19%。

1. 合夥人的溝通機制

①及時的溝通。韓都衣舍建立了工作群，以分享團隊動態，可第一時間進行溝通。

②隨時的交流。韓都衣舍食堂專門留出一個房間供六名合夥人使用。他們每天一起吃飯，花半小時吃飯，一個半小時聊天，快速協商公司的大小事情。他們這一習慣被保留至今。

③定期的會議。韓都衣舍內部有個「蘿蔔會」，就是合夥人之間的頭

腦風暴大會，每週召開一次。隨著韓都衣舍的發展，「蘿蔔會」也在不斷壯大，如今部門總監級的中高層也都加入「蘿蔔會」，為公司的發展獻策獻力。

2. 合夥人的決策機制

六位合夥人的專業背景和工作經歷各不相同，容易產生不同觀點。韓都衣舍合夥人之間定下一個原則：相互信任、無限容忍。相互信任是指合夥人之間相信彼此是從公司的立場出發的，而非為了個人利益。無限容忍是指合夥人需要容忍其他人的缺點，以便各自的優勢得到發揮。

三、合夥人小組制管理

韓都衣舍構建了平臺化基礎上的合夥事業制，強調服務性管理，把決策權交給每個小組，而公司只把握大方向，願意給員工試錯的機會。

1. 小組制的設計原則

員工間自由組合，形成三人小組。小組負責非標準化的環節，如款式選擇、頁面製作、打折促銷等。

標準化環節，如客服、市場推廣、物流服務、攝影攝像等由公司負責。

人資、財務、行政部門等由公司進行統籌，實行倒三角的三級管理，公司各部門為小組服務。

公司層面成立了企劃中心，統籌全局，根據歷年銷售數據和銷售大小年的變化規律制定目標，用售罄率倒逼各個環節，做到單款商品的生命週期管理，將品類目標分解到各個小組。良好的機制設計，保障了公司在每年3萬款型的情況下，售罄率依然高達95%。

2. 小組成員構成

（1）基本小組由三人組成，各有分工。一個設計師負責設計；一個負

責營運推廣，其在傳統商業叫導購；還有一個貨品專員，負責採購和供應鏈的組織。小組成員可自由進行組合，不合適的人可以退出原有小組，也可實行小組重組。這樣的寬鬆氛圍使得公司內部貼滿挖人的海報，倡導個人找到自己最適應的小組，同時也幫助公司的資源得到更優的分配。公司對小組進行考核，根據考核情況分配資金，而組員的資金由組長負責分配。例如某個優秀小組獲得 10,000 元獎金，組長給自己分 5,000 元，給兩位組員分 2,500 元，組員如果感到不滿就會想離開組長另謀出路，而組長想留住好的組員，需要考慮更合理的分配獎金。業績差的小組組員就可能脫離組長另謀出路，這就使得組長想留下組員，除了要合理分錢，還要提升自己的能力，帶領小組創造業績。

（2）組員自由重組機制。韓都衣舍允許一人小組存在，避免組員還沒離開自己的組就與別人商量離組之事。

（3）建立重組的財產分割制度。韓都衣舍建立起公平合理的財產分割機制，幫助小組和平分手和順利重組。另外，如果優秀小組的組員出來單干，在一年內需向原小組支付 10% 的培養費，這樣原小組容易放手，離開的人也無所愧疚。在如此機制的幫助下，組員間能夠進行充分的自由競爭和組合，在提升自身能力的同時，助長公司業績。沒人跟的組長怎麼辦？例如 C 小組第一年業績差，組員離開了；C 小組組長招了新組員，但第二年還是業績差。在此之後，沒組員跟隨該組長，而該組長去別的小組也沒人收。這些組長該怎麼辦？其實，經過多次驗證，業績不好的組長已經知曉了自身的能力水準，收入較低也心甘情願，不會與高收入的人比高低，會在企業踏實地做下去。組長的優勢是瞭解企業文化，可以帶領新員工，所以韓都衣舍仍會給他們配新員工做組員。

（4）小組自動運轉。韓都衣舍每天公布小組的排名情況，在激勵機制上也會向業績優秀的小組傾斜，因此小組和小組之間的競爭非常激烈，這

其中包括人員的搶奪和小組的分裂與組合。在韓都衣舍的辦公區域，常有公開招聘，公司也鼓勵員工在不同小組和崗位上流動。在韓都衣舍有一句話，叫「不想當選款師的製作不是好營運」，每個小組都想有更強的組合，得到更高的排名。這使小組自動完成了更新。

（5）小組排名。韓都衣舍每天早上會公布前一天的銷售排名，小組會受到很強的刺激。已經處於第一名的小組會努力維持第一的排名，而第二名會思考如何超越第一名，倒數第一想的是不能老墊底……如此一來，每一個小組為了名次靠前一步都會加倍努力，即使沒有加班制度，也會自願加班。在這種機制下，組長以老板的思維方式去看數據，制定產品策略，並關注毛利和庫存指標，積極主動地爭取提高業績。

3. 小組的權限

（1）小組獨立核算。公司內部實行以產品小組為核心的全程營運體系，即三人為一組，每個小組都有營運、選款設計、商品製作、對接生產管理訂單、銷售的能力，實現了全員參與經營與獨立核算。

（2）對小組充分授權。每個小組同時具備傳統門店的所有權利。同時，新產品的上市、價格、促銷、折扣、庫存週轉等事項均由每個小組自主決策。

4. 公司對目標的控制

公司層面會根據歷史數據制定年度目標，再把目標分配到各小組，小組按目標任務獲得可用資金額度。例如公司基於歷年數據，結合市場發展變化，預測增長率為50%。A小組去年銷售額為100萬元，公司就會就跟A小組談今年能否增長到150萬元？A小組如果同意，就能獲得75萬元的資金支持；如果答應增長到200萬元，就會獲得100萬元的資金支持。如果小組為獲得高額資金支持亂報銷售目標，公司該如何管理？韓都衣舍有單獨的控制機制。假如A小組申報了200萬元銷售額的任務，完成至90%

以上可拿獎金，而低於90%則無獎金。在這樣的機制的調節下，小組會衡量自己的能力和風險後做抉擇，不會胡亂申報銷售目標。此外，還有一種情況存在。若小組自己申報的銷售目標為150萬元，公司經分析後給小組確定200萬元的目標，那麼公司多加的50萬元，不管完成與否均不影響獎金計算。如果小組完成這50萬元則可多拿資金。這樣一來，公司強制分配的任務沒有風險只有可能的收益，小組也就願意接受。

5. 小組考核

授權是事業合夥制的核心，考核是事業合夥制的關鍵。韓都衣舍目前已有300多個小組，按小組數量設置主管、經理，為小組協調資源，而主管、經理的獎金計算方式與小組一樣。這樣的機制使得他們有動力去幫助小組完成任務，而公司會針對業績完成率、毛利率、庫存週轉率對小組進行考核和獎金分配。

6. 小組激勵

（1）用服務質量激勵考核支持部門。關於對職能部門的激勵，韓都衣舍有很充分的投訴機制。只要小組對職能部門不滿，可以直接投訴到營運管理組。營運管理組會馬上進行責任的追查，這樣一來，投訴和職能部門的利益掛勾，一下子就解決了很多公司不知道如何管理激勵財務部、人力資源部、行政部等老大難問題。

（2）合夥人股權激勵到基層。對於絕大多數傳統企業來說，股權激勵的對象通常是中高層，而韓都衣舍將激勵對象覆蓋到了每一個員工，使每一個員工的激情和創造力最大化，每一個小組的動力都被徹底激活。在韓都衣舍，人人創業、人人創新，基層人員的利益和公司利益捆綁在一起。

（3）韓都衣舍構建了非常透明和清晰的獎金制度。小組獎金＝銷售額×毛利率×提成系數。提成系數與業績完成率、毛利率、庫存週轉率等存在聯繫。小組的獎金不是由公司來決定的，而是靠員工自身努力。這套制度

調動了員工的積極性，進而提升了經營效率與經營業績。

7. 與小組制配套的保障機制

（1）標準化工作的競爭機制。非標準化部分由小組負責，標準化部分由公司負責。標準化部分也存在競爭機制。例如材料供應至少有 2 個以上的小組同時存在，前端小組可自由選擇某一個小組下單。如果某個供應小組的評價不高，前端小組可能就不會向他們下單。這可有效避免「懶政」問題和腐敗問題。同樣的，如果覺得某小組水準不佳，前端小組就不會向其下單。這樣的競爭機制在降低腐敗可能的同時還促使小組內部主動提升自己的能力，來吸引前端小組的選擇，從而提升業績。

（2）倒三角的服務型組織。韓都衣舍的管理架構分為三層：一是與品牌相關的企劃、視覺、市場部門；二是 IT、供應鏈、物流、客服等互聯網支持部門；三是人力、行政、財務等行政支持部門。整個公司的核心是產品小組，而市場、企劃、設計、客服、行政、財務等部門全是小組的支持部門。傳統企業中一般採用的是科層制的金字塔架構，行政、人事、財務等是權力部門，掌握著公司最重要的資源，這也使得他們善於趨利避害，難以考核，影響一線部門的效率。而在韓都衣舍，金字塔模式被顛覆了，小組是公司的中心，其他部門都為小組服務，所有公共資源與服務都圍繞著小組展開，使得整個系統的效率得到很大的提升。

四、韓都衣舍的經驗與啟示

（一）合夥制管理真正實現了責、權、利統一

該體系的本質是將營運組織最小化，在此基礎上，實現責、權、利的相對統一：在「責」上，根據獲得的資源，每個小組都有明確的銷售額、毛利以及庫存週轉率的要求；在「權」上，產品款式的開發、碼數的設置、價格的制定、庫存情況、促銷情況等都由小組自己做主，幾乎擁有普

通老板的所有權力；在「利」上，員工的獎金與自身的銷售情況有直接聯繫，能夠有效促進組員工作的積極性。該體系將服裝企業傳統的設計部門、視覺部門、採購部門、銷售部門等統統打散拆分，其中產品設計、導購頁面製作與貨品管理三個非標準環節交由產品小組負責，每個小組一般由設計師、頁面製作專員和貨品管理專員三人組成；供應鏈、IT、倉儲、客服等標準化的服務則統一由公司提供。這正應了一句話，「一旦在最小的業務單元上實現了責、權、利的統一，企業就變成了公共服務平臺」。

（二）合夥制管理是管理創新的永動機

隨著企業的規模越來越大，創新需要衝破的阻力也會越來越大，往往是老板整天喊創新，底下的人卻都在守江山，公司的發動機在老板一個人身上，一旦老板產生了懈怠或者暫時休息，那麼整個企業的發展就會受到嚴重影響。實行小組制相當於在企業內部設置了無數個發動機，通過對所有小組的銷售額進行排名，並通過鼓勵自由組合，實現新陳代謝。數百個小組始終爭相往上走，必然會推動企業在供應鏈等各方面的能力不斷提升，成為企業創新的永動機。

（三）顛覆科層治理

產品小組的動力源自最小自主經營體的設計，公共服務部門的動力則主要來自小組的壓力。韓都衣舍實施小組制，讓聽見炮火的人指揮戰鬥，激勵一線員工，讓股權激勵成為公司發展核心動力，徹底顛覆了傳統科層制效率低下、反應遲緩又難以考核的問題。

第四章　現代商貿服務企業合夥制激勵創新與典型案例

在合夥制度下，組織管理者、員工和投資者的利益高度一致，能夠真正提升和完善企業的營運效率，最終確保企業戰略的實現。毋庸置疑，「合夥制」是真正建立企業「利益共同體」的一次偉大實驗。在這種管理體制下，相信那些鑽空子、只顧眼前利益的做法將無所遁形。

——範文議（美國加州大學博士生導師）

第一節　合夥制激勵創新分析

一、兼顧長短期激勵

合夥制將獎金激勵、股權激勵、晉升激勵整合到一個管理框架中，有利於構建一個精準激勵體系，既規避了長期激勵的不確定性，又降低了短期激勵的功利性。

傳統的激勵方式有獎金激勵、股權激勵、晉升激勵等方式。獎金激勵是基於短期業績的，不具有中長期激勵效果。在股權激勵中，退出股權受限，而人才是在流動的，股權激勵難以對流動人才實施滾動激勵；在動態的市場環境和企業的戰略調整過程中，企業經營與股票市場的不確定性，將導致股權激勵的效果大打折扣；股票激勵數量也難以掌控，若過於分散，可能影響企業決策效率。職位晉升的激勵效果受制於有限的職位數量，難以在公司全面推廣。

　　在合夥制管理模式下，擁有股權的合夥人不僅享有股權收益，還可獲得利潤分享，其職業發展和企業發展軌跡趨同。例如：企業可以通過合夥人級別設置、進入、退出與考核機制等方式，使得合夥人貢獻與個人職業發展進行充分彌合，實現激勵分期的同時又緩解股權激勵的弊端。合夥人評選可在一定程度上打破崗位數量和層級的限制，並且賦予合夥人比崗位更廣泛的權利和責任。與傳統的職務激勵相比，合夥人的評選條件、評選範圍與調控空間具有更大的靈活性。因此，合夥人的評選可以實現職務激勵效果。例如：永輝的合夥制度也存在競爭，內部被稱為賽馬機制，各個合夥人業績累積到3個月進行比較，3個月後仍然沒有達標或落後的就會被淘汰，再由新的合夥人加入。

連結4-1　某連鎖企業的「分級合夥人」

　　曾有一家快餐連鎖企業提出未來三年新開500家門店的戰略規劃，但按照近乎兩天一家新店的速度，公司根本無法配置到新門店所需要的人才。公司採用了德勤建議的「分級合夥人」理念，鼓勵符合條件的總部人員、成熟門店人員參與新設門店的創建，輔以一定的股權、分紅權，對於一部分想回到老家創業的員工更提供多項幫扶措施，因此在總部保持絕對控股比例的情況下，實現了員工在新店的合夥經營。合夥人晉級計劃對於在一定時間內規

模、盈利等條件符合的門店，其合夥人可申請晉級，即持有的股權額度部分保留在所在門店、部分額度晉級為區域、總部的股權。總部在啟動上市時，將通過總部股權置換或現金收購等多種方式，將門店合夥人轉入總部合夥人計劃，由此實現從門店到區域到總部的合夥人晉級目標。

二、賦能、賦權、賦利，極大地釋放員工潛能

企業的成長極限很大程度上受員工潛能的影響，這個問題可通過對員工合夥人賦能、賦權、賦利來緩解，即從文化認同、發展空間和利益共享三個方面相結合，從而突破企業管理瓶頸，實現持續的創業創新。

（一）賦能促進管理者投入高度匹配的人力資本

賦能就是賦予員工實現自我價值的文化和思想。每個合夥人都是引領者，每個人在組織中的成功案例將相互傳播、相互感染，公司的驅動機制從企業所有者一人驅動轉化為所有人驅動。管理者不擔心知識和技能在本企業的專有性，他們掌握與分享著公司的控制權、經營權，不必擔心自己會被解雇。由於人力資本投入的回報可以得到保障，企業會更願意投入高度匹配的人力資本。

連結4-2　韓都衣舍電商集團

韓都衣舍提出了「合夥制＋平臺化＋生態化」發展模式。韓都衣舍主要是通過平臺來激發員工創新的能力。只要有一個好創意，就可以成立一個小組（合夥人團隊）。比如說產品小組，從設計到品牌營運，都有決定權，直接面對市場，在平臺上來運行。企業內部不再是行政長官來協調，而是按照市場、客戶需求來協同，這就使得韓都衣舍以較低成本實現快速增長，年上新品超過30,000款。一個企業一年的新品能超過30,000款，靠

傳統的研發模式、設計模式不可能實現，只有通過「平臺化+項目小組合夥式」運作，從產品設計到生產直接去對接細分領域裡的消費者的需求，去滿足各個細分領域的需求，才能快速反應。平臺配置資源可以賦能，使得從零到一可以是小團隊去運作，但是從一到十、十到一百通過平臺來幫助他們賦能。這種模式是未來的一種組織的新形式。

（二）賦權增強員工的滿意度與歸屬感

賦權是指賦予員工經營方面的自主性。企業必須針對不同個性、不同層級的員工，給予他們更多的自主生長空間。從心理授權的四個維度分析來看，自我效能感能夠讓員工相信自己付出努力就能完成組織賦予的使命。工作自主性使員工能夠控制自己的工作和決策，工作影響力使員工有機會參與組織的管理和決策，有意義的工作則能夠將工作要求和個人價值追求相匹配，因此心理授權程度高的員工會伴隨著更高的滿意度和行為績效。一線員工合夥制的有效激勵管理如圖 4-1 所示。大量實證研究也表明，心理授權對員工的工作滿意度和行為績效產生重大影響。

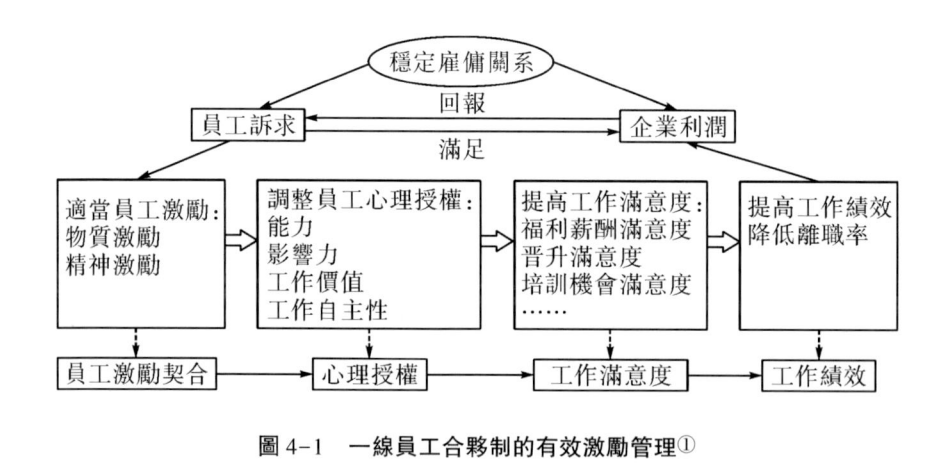

圖 4-1　一線員工合夥制的有效激勵管理[1]

---

[1] 陳維，張越，吳小勇．零售企業如何有效激勵一線員工？——基於永輝超市的案例研究 [J]．中國人力資源開發，2017（7）：110-122．

自主經營權合夥制可以讓員工產生更強烈的歸屬感，為企業凝聚合作夥伴。當人才參與公司經營決策、融入創業合夥人團隊，才有可能真正找到創業的感覺，對公司的業務會更有參與感，進而提高工作效率。同時，合夥人必須是高度認同公司的文化，願意為公司使命、願景和價值觀做出貢獻的一個團隊。這種管理模式聚集了一群擁有共同理想並願為企業做貢獻的創業者。因此，合夥制管理下，員工的滿意度和歸屬感更強，更容易擴充人才。例如，小米員工對加班的評論：「如果你找一份工作，天天加班當然是不行的，但如果是創業就不同了，創業是一種生活方式，你在為自己而活。」永輝合夥制的核心在於倡導「人人都是經營者」的主人翁意識，契合了一線員工的內在訴求，給員工帶來了物質和精神兩方面的滿足。

連結4-3　永輝超市[①]

永輝超市一線員工大多都是「80後」一代，經濟實力相對較弱，很多來自農村。他們特別渴望在城市扎根，融入城市生活，也更加關注身分等同和社會其他群體的尊重與認同。得到組織認同和社會認同是員工的重要訴求，這也是一種精神激勵。因此，永輝超市合夥人制度時刻在向員工傳達他們的核心價值觀：融合共享、成於至善。他們宣揚永輝是共同創業和共同發展的平臺，來永輝工作是創業，而不只是就業。這無疑會讓一線員工意識到自己就是合夥人，從事一線工作並非低人一等，從內心認同自己，也養成「人人都是經營者」的意識，更加樂意留在組織工作。

首先，永輝實行的合夥制就是要培養員工「人人都是經營者」的意識，配合著對一線員工業務能力的培訓，以及在他們之間樹立標杆起到激

---

① 佚名．永輝超市的員工激勵案例［EB/OL］．［2018-04-13］．http://www.hrsee.com/? id=677.

勵推廣作用。這有利於樹立一線員工對工作和自身能力的信心。其次，永輝對一線員工實施授權管理，激勵員工超額完成公司規定的經營目標才能獲得分紅，充分調動了員工的自主性和積極性。再次，永輝在制訂績效方案前期，上下溝通達成一致，後期不斷跟進調整，充分考慮了一線員工的意見，為員工體現其對組織影響力提供了機會。此外，永輝追求管理扁平化，強調身分等同，有利於營造共同創業和共同發展的和諧組織氛圍。最後，永輝通過發放獎金、公開表揚、職業發展等一系列激勵手段讓一線員工體驗到成功的喜悅，進而產生對其工作意義的積極評價。

（三）賦利激發「內部人」潛能

共同的企業願景，同為企業合夥人的身分，將自驅動員工甘願為企業付出不亞於任何人的努力。

賦利就是利益的共享。按不同比例合理地分配利潤對於考核來說必不可少，但也只是最基礎的。合夥制的利潤分享猶如一只「金手銬」，為公司吸引和留住優秀人才起到了保障作用。「金手銬」提高了個人的主觀能動性，從而激發起內在潛力，讓整個企業實現一種自組織，並以開放性機制體現人力資本價值。

拉夏貝爾的店鋪合夥制度讓每位店員成為店鋪合夥人，根據店鋪業績參與分享企業經營成果。其中，員工薪金的計算方法由原來的「固定工資+佣金」形式調整為多種與經營成果掛勾的形式，其中一種採用公司根據店鋪往年銷售情況設定店鋪整體薪酬回報占店鋪銷售額的比重、店長和店員共同分享店鋪所得的薪金總額的方式。成為店鋪合夥人之後，員工關注的視角也將從單純的銷售額指標轉向關注公司的成本控制以及盈利能力。

華潤萬家引入生鮮合夥人機制後，毛利率提升1%~2%。這個超額收益將由生鮮員工共享，許多員工因此幾乎多拿了半年工資。更高的員工積

极性也帶來了明顯的效益提升，並形成一個良性循環。永輝超市也採用了該機制。其員工在碼放時就會輕拿輕放，並注意保鮮程序，這樣一來節省的成本就是所謂的「節流」。這也就解釋了在國內整個果蔬部門損耗率超過30%的情況下，永輝超市只有4%~5%損耗率的原因。大潤發旗下電商網站飛牛網也稱將招募千鄉萬館計劃的合夥人與分銷商，範圍較廣，包括體驗館、校園合夥人、社區合夥人、內部員工合夥人等一系列實現方式，而華潤萬家內部早已開始嘗試推廣生鮮合夥制度。在合夥制管理制度下，員工的收益將與品類、部門、櫃臺收入或毛利掛鉤。每個員工只有依靠更出色的服務，避免不必要的成本浪費，才能得到更多的回報。因此，合夥制拓展了員工的開源空間。

第二節　永輝超市案例[①]

永輝發展的核心基因是共享理念。員工到沃爾瑪是就業，到永輝來是創業，我們共同成為創造者和分享者。

——張軒松（永輝超市董事長）

一、案例背景

永輝超市是中國首批將生鮮農產品引進現代超市的流通企業之一，被譽為中國「農改超」推廣的典範。永輝現已發展成為以零售業為龍頭，以現代物流為支撐，以現代農業和食品工業為兩翼，以實業開發為基礎的大

---

① 陳維，張越，吳小勇. 零售企業如何有效激勵一線員工？——基於永輝超市的案例研究[J]. 中國人力資源開發，2017（7）：110-122；佚名. 永輝超市2015年度門店合夥人方案及月績效方案[EB/OL].［2017-07-31］. http://www.sohu.com/a/161179322_99916414.

型集團企業。永輝超市在全國 19 個省市擁有近 600 家連鎖超市，經營面積超過 500 萬平方米，位居中國連鎖企業前 10 強。永輝超市是中國 500 強企業之一。其 2017 年營業收入為 586 億元，淨利潤 18 億元，與 2007 年相比，營業收入與淨利潤分別增長 16.3 倍、13.8 倍。

永輝超市在業內率先推出創業合夥人商業模式，至 2016 年年底已經擁有 10,000 名以上的合夥人。永輝超市採用阿米巴經營模式，將整個超市分割成許多個品類小店，每個品類小店都作為一個獨立的利潤中心，按照小企業、小商店的方式進行獨立經營。各個品類小店自行經營、獨立核算，幫助合夥人團隊持續自主成長，讓每一位合夥員工成為「老闆」並參與經營。

近幾年來，由於消費者購買習慣的改變以及受到電商平臺的衝擊，實體零售業的生存環境日益嚴峻。長期以來，零售業存在一線員工的高流動率問題。如何提高員工的工作滿意度、降低員工流動率，是擺在零售企業人力資源管理者面前的迫切問題。永輝於 2012 年開始試點合夥人項目，並於 2013 年逐步推廣，以此激勵一線員工發揮主人翁精神，樹立生意人意識，建立績效掛勾、多勞多得的激勵考核制度。合夥制對於激發一線員工熱情意義重大，可以從基礎層面的點點滴滴節約成本、提升效率。此後，合夥制進一步推廣，永輝雲創即採用合夥制和賽馬制，推動了核心管理層持有公司股權。

二、永輝合夥人制度實施方案簡介

（一）永輝合夥人制度發展歷程

由於超市工作的一線員工直接與消費者接觸，因此其工作態度、質量、規範性直接影響著永輝的形象和聲譽。此外，永輝還需要通過一線員

工的工作實現生鮮產品採購、運輸、庫存、銷售等的管理工作。由此可見，一線員工對永輝提高顧客滿意度有著毋庸置疑的重要。但是，一線員工往往因為知識技能匱乏、職業素質相對低下等原因，薪酬較低、福利水準較差。這也引起一線員工和企業之間的矛盾不斷升級，工作積極性不高、工作更換頻繁等不良後果。永輝超市生鮮特色經營的成功很大程度上需要依靠一線員工。然而，由於零售行業的特殊性，超市工作的一線員工往往干著最臟、最累的活卻拿著最低的薪酬，因此行業整體員工離職率、流動性較大。對於大型連鎖超市而言，直接提高工資水準不是最佳方案。例如，永輝超市在全國有 6 萬多名員工，假如公司每月給每人增加 200 元收入，每年需要多付出 1 億多元的工資，並且這 200 元的收入對於個體員工來說是少量的，激勵效果不明顯，永輝也不可能在短期內連續提升員工收入。永輝超市的目標是既能增加員工的收入，又能降低工作營運成本（果蔬日常損耗）、提高經營收入和顧客佔有率。為實現上述目標，永輝嘗試調整營運模式，開始實行一線員工合夥制。

永輝超市從 2012 年開始實行合夥人制度，以激勵一線員工提高工作積極性、建立主人意識，並建立了將業績評價與員工工作效率、效果相聯繫的考核體制。永輝從生鮮合夥人開始試點，到目前已基本實現公司內部所有崗位合夥制。為適應管理體制的變革，永輝對組織架構也進行了必要的調整，改變原來高長型、層級化的職務特點，使組織架構逐步扁平化、平臺化，公司層級從原來的 9 級減少至目前 4 級，極大地提高了決策的效率。2017 年 10 月，永輝實行了第三次組織結構的調整，將生鮮和加工、食品和用品、服裝三大事業部轉變為多商營運模式，將原事業部根據產品類別細分為各類獨立經營小組，構建起「大平臺+小前端+富生態+共治理」的生態鏈組織結構模式，使公司更專注各個類品，將經營與採購融合，將公

司的經營管理權逐步下放至公司一線員工，更接近消費者，提升公司內部各個類品員工的工作積極性。永輝超市經營業務發展和組織體系變革見圖4-2。

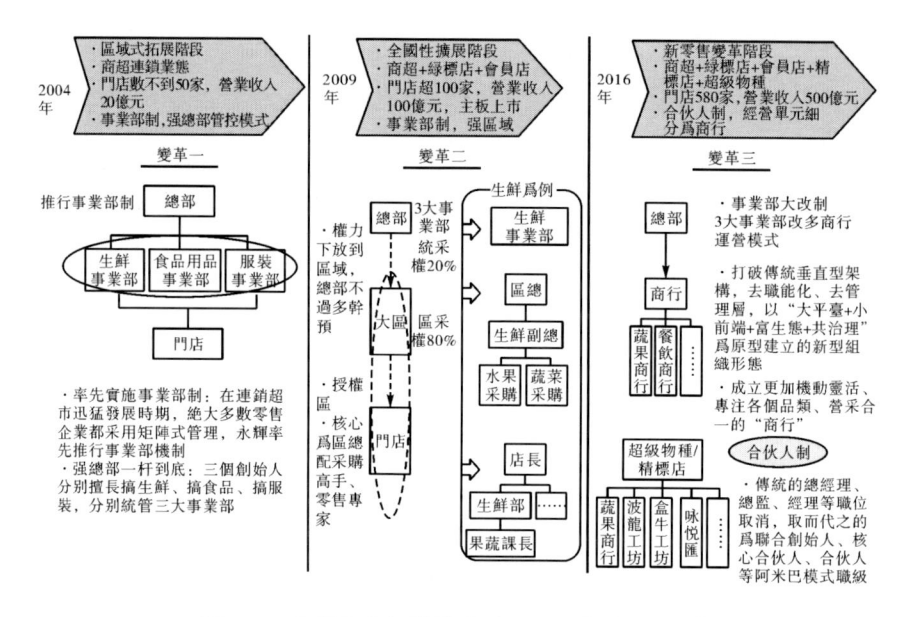

圖 4-2　永輝超市經營業務發展和組織體系變革①

在合夥人制度的推廣過程中，永輝下放的權力遠遠不止這些。具體部門、櫃臺、類品等員工的聘用、解雇交由一線員工組決定。他們可以選擇招聘更多的員工，但是所有的收益都將由所有員工共享。在此種情況下，不同員工起到相互監督和管理的作用，有效地避免部分員工過於勞累，而部分員工無所事事的情形。最後，這一切都將和公司的一線工作者捆綁在一起，所有員工組成利益共同體，大大降低了公司的日常營運成本，極大地降低了一線員工的離職率、流動性。

永輝超市合夥人制度以公司單個門店為業務單元，基本實現全員覆蓋

---

① 夏鶯鳴. 合夥機制不僅僅是一種激勵機制，更是一種商業模式創新 [EB/OL]．[2017-11-09]. http://www.sohu.com/a/203225843_343325.

（店長、助店、營運、後勤、小時工），但是不覆蓋月工作時間少於192個小時的人員，即臨時工、實習生、培訓生和零時小時工，新進員工當月不參加，離職過程中的員工不參加，請假員工相應扣除工作時間。新開門店須在半年內執行項目合夥人制度。

永輝超市正在打造一家從生產製造到最終零售，從基本民生保障到中產消費，從產業鏈單一零售到整個採購、物流、運輸和金融服務的多元化、多層次服務的上市公司。永輝超市內部將上述稱為大生鮮產品全產業鏈共享經濟生態圈。從永輝超市的發展來看，第一事業群體是公司目前最成熟、最完善的版塊，也是過去的永輝超市；第二事業群體是公司最近幾年發展的產業，代表目前公司的發展狀況；第三事業群體則給予公司更多的暢想空間，代表公司未來的發展方向。從公司目前的發展進程看，金融板塊、物流板塊、養殖板塊已開始初露端倪。如果公司按照規劃發展，公司將構建一個極其龐大的現代生態鏈公司群。那麼，對於一家以零售行業起步的傳統零售企業，如何能帶領公司數萬名員工實現該「宏偉藍圖」呢？公司董事長張軒松先生給出的答案是合夥人計劃。

（二）永輝超市的合夥制層次

永輝合夥人制度已經覆蓋了幾乎所有的門面和部門。永輝合夥人制度的內容是，總部與合夥人代表，根據歷史數據和銷售預測制定一個業績標準，一旦實際經營業績超過了設立標準，增量部分的利潤按比例在總部和合夥人之間進行分配。合夥人制度的核心是激勵。

永輝超市的合夥人制度事實上是分為三個層次的，具體情況如圖4-3所示。

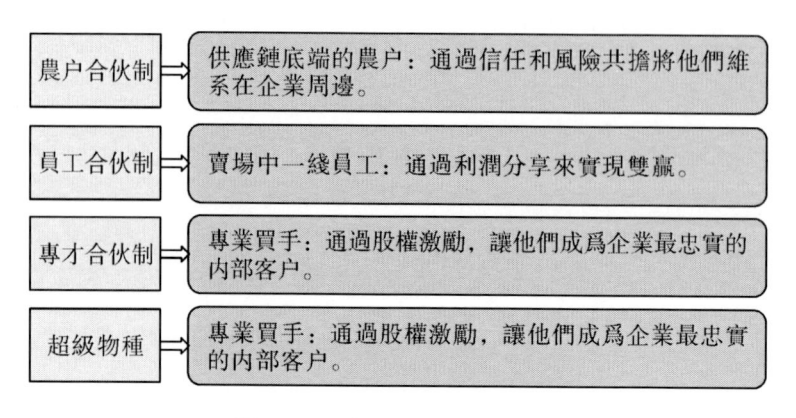

```
農戶合伙制  →  供應鏈底端的農戶：通過信任和風險共擔將他們維
               系在企業周邊。

員工合伙制  →  賣場中一綫員工：通過利潤分享來實現雙贏。

專才合伙制  →  專業買手：通過股權激勵，讓他們成爲企業最忠實的
               内部客户。

超級物種    →  專業買手：通過股權激勵，讓他們成爲企業最忠實的
               内部客户。
```

圖 4-3　永輝超市的合夥制層次

1. 共擔風險的農戶合夥制

永輝超市除了和公司内部員工建立合夥人制度外，也與當地農戶建立起一種類似合夥人制度的合夥模式。永輝在和農戶簽訂夠買協議的過程中，首先要保證農民取得最低收入，即無論市場價格怎麼變化，都承諾以一定的價格夠買；當市場價格提高時，永輝超市的購買價格也會隨著市場價格而不斷提高，以保證農戶收入的穩定。該種模式使得當地農戶更願意和永輝超市合作，即使市場中存在以更高價格收購某一時段果蔬的購買者，農戶往往會基於長期利益考慮而放棄與該類購買商合作。該模式的實質為永輝超市和當地農戶實現合夥人共擔風險、共享收益的模式。經過多年的合作和發展，永輝超市得到了一部分忠實的合作者。這也為永輝超市在生鮮零售方面保持核心競爭力奠定了基礎。

2. 一線員工合夥制

在品類、櫃臺、部門達到設計的目標毛利或者利潤之後，由企業和員工共同分享該部分收益。對於一些精品店，永輝甚至出現了無目標利潤額，該店所有的收入由一線員工和公司共同分享。通過該模式，永輝有效地實現了一線員工自身收入與其所在品類、櫃臺、部門的收入高度相關，他們只有提供更加優質的服務，才能提高自身收入。該部分收入對於一線

員工來說屬於日常薪酬之外的額外報酬，有效地提升了一線員工的工作積極性。此外，考慮到不少員工組和企業簽訂的協議都是毛利或者利潤，員工在日常銷售過程中都會做到盡量節約成本。如員工在搬運、擺放、銷售等各環節都盡量輕拿輕放，並注意保證生鮮新鮮，這樣一來有效地節約了生鮮日常損耗成本。在全國大部分零售超市的損耗率高達30%左右的情況下，永輝超市做到了4%~5%的損耗率。

連結4-4　員工把公司的事情當成自己的事業干[①]

　　干生鮮是個非常苦的事，採購員一年四季泡在田間地頭。曾有一名永輝員工去黑龍江採購大米，結果大雪封山，他過年都是在老鄉家裡。還有重慶大區的一名採購員，三年時間，他的車跑了十五六萬千米，里程和出租車司機差不多。不過，出租車都是在城市裡跑，他跑的卻都是山路。正是這種充分分享的機制，讓員工把公司的事情當成自己的事業干。

　　3. 專才合夥制

　　對於永輝超市而言，公司內部還存在一部分具有專業技能、特殊技能的員工。以生鮮零售為特色的永輝超市無疑將生鮮相關的經營環境看得格外重要。為了有效地激勵專才在該業務發揮優勢，提升核心競爭力，永輝在該業務外額外推出了更大的股權激勵計劃。永輝超市內部往往存在專業的買手，買手即公司供應鏈底端的代理人。買手擁有豐富的經驗，往往對各個採購地點的生鮮品類非常熟悉。買手們不僅熟悉各個採購地點的詳細情況，還對各種生鮮品類了如指掌。有他們掌握生鮮的購買環節往往可以大大節約公司的成本。鑒於此，這些買手們往往存在被競爭者窺視、以更好地薪酬挖走的可能，因此，永輝面對如何保持該部分員工的工作積極性

---

　　① 佚名. 社會消費能力不斷提升 永輝超市鼓勵分享的合夥人制度［EB/OL］. ［2017-10-19］. https://finance.gucheng.com/201710/3321119.shtml.

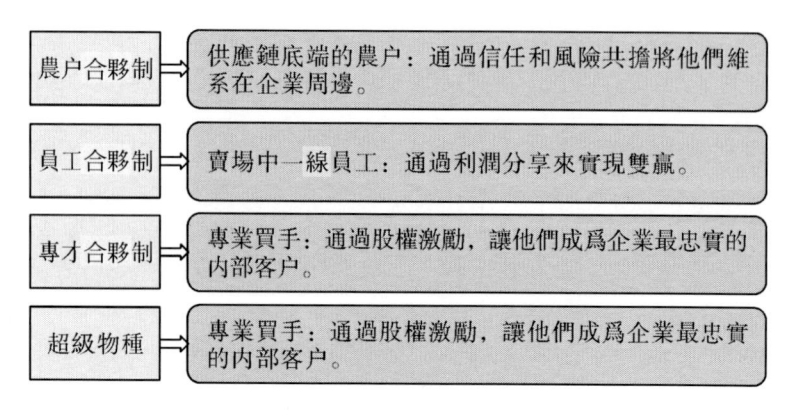

```
農戶合夥制 → 供應鏈底端的農戶：通過信任和風險共擔將他們維
              繫在企業周邊。

員工合夥制 → 賣場中一線員工：通過利潤分享來實現雙贏。

專才合夥制 → 專業買手：通過股權激勵，讓他們成為企業最忠實的
              內部客戶。

超級物種   → 專業買手：通過股權激勵，讓他們成為企業最忠實
              的內部客戶。
```

圖 4-3　永輝超市的合夥制層次

1. 共擔風險的農戶合夥制

永輝超市除了和公司內部員工建立合夥人制度外，也與當地農戶建立起一種類似合夥人制度的合夥模式。永輝在和農戶簽訂夠買協議的過程中，首先要保證農民取得最低收入，即無論市場價格怎麼變化，都承諾以一定的價格夠買；當市場價格提高時，永輝超市的購買價格也會隨著市場價格而不斷提高，以保證農戶收入的穩定。該種模式使得當地農戶更願意和永輝超市合作，即使市場中存在以更高價格收購某一時段果蔬的購買者，農戶往往會基於長期利益考慮而放棄與該類購買商合作。該模式的實質為永輝超市和當地農戶實現合夥人共擔風險、共享收益的模式。經過多年的合作和發展，永輝超市得到了一部分忠實的合作者。這也為永輝超市在生鮮零售方面保持核心競爭力奠定了基礎。

2. 一線員工合夥制

在品類、櫃臺、部門達到設計的目標毛利或者利潤之後，由企業和員工共同分享該部分收益。對於一些精品店，永輝甚至出現了無目標利潤額，該店所有的收入由一線員工和公司共同分享。通過該模式，永輝有效地實現了一線員工自身收入與其所在品類、櫃臺、部門的收入高度相關，他們只有提供更加優質的服務，才能提高自身收入。該部分收入對於一線

（三）公司合夥人收益共享制度①

合夥人出資投資可以獲得固定保底收益、投資收益、投資份額等；合夥人的勞動貢獻擁有增值分享、價值評價、二次分配、貢獻價值等。

1. 合夥人利潤分配

第一部分收入是勞動貢獻收益（占 60%）；第二部分收入是投資收益（占 30%）；第三部分收入是二次分配收益（占 10%）。

永輝將管理層區分為不同的類型和層次，根據類型和層次設定不同的目標價值分配標準，並以倍數為分配基礎。價值分層是以貢獻價值為主要的分配依據。如果實際增量機制為 2,500 萬元利潤，每份可分得利潤 5 萬元，平均每份分紅率為 83.33%，但是在實際分配的過程中，往往需要以價值為主要依據。假設第一輪合夥人的總分值為 40 分，總經理的價值分為 9 分，人事經理價值分為 1.3 分；另外假設所有的其他加分項和扣分項均屬於公共分值，該類分值對企業的生存和發展具有至關重要的意義，可以充分挖掘公司合夥人的潛力。總經理和人事經理的實際可得分紅如下：

總經理實際可得分紅 = 800,000÷40×9 = 18,0000（元）

人事經理實際可得分紅 = 800,000÷40×1.3 = 26,000（元）

如果中途存在合夥人退伙或者新入合夥人，合夥人之間可以根據原先協議退回相應的合夥人資金，並給予利息補償。公司新加入的合夥人根據加入公司時間長短分享相應的收益。無論退出合夥人的份額是多少，公司都將未分配出去的份額留在公司內部使用，即份額的風險由公司完全承擔，合夥人不承擔風險。

---

① 佚名. 揭秘永輝超市合夥人制度 [EB/OL]. [2017-12-04]. http://www.sohu.com/a/208347980_466446；佚名. 永輝超市合夥人模式的考核方法以及退出機制 [EB/OL]. [2017-12-17]. http://www.sohu.com/a/211088458_100032351.

2. 額外收益再次分配

永輝公司總部和各個具體經營單位（合夥人代表）依據經營單位歷史狀況和預計銷售收入設定業務評價標準。如果公司實際經營收入大於設定業績評價標準，該部分收益將在總部和具體經營單位之間再次進行分配。在永輝超市內部，具體經營單位是指和總部存在收益再次分配的另一方。由於公司員工數量眾多，總部不可能對每一個員工制定個性化的考核標準，因此總部往往以門店或者櫃臺為經營單位進行業績考核。永輝超市在全國設立 7 個大區，在全國 18 個省市擁有近 400 家門店，針對區域經營環境的不同，制訂不同的合夥人計劃，但是所有的方案都以合夥人制度為核心。

由於永輝在全國有眾多的門店和員工，因此合夥人通常以門店為單元與總部商談相關事項。公司總部、門店負責人、門店經理及科長共同討論該門店目標利潤的制定。如果未來該門店的實際收益大於設定的標準，該部分收益將會根據合夥人制度進行再次分配，二八分、三七分、四六分均可能。門店負責人拿到該部分收益後又根據門店內各個部門貢獻度大小對該部分收益在門店內部重新分配，最終將溢價收入分配到門店的每一位員工。從以上的分配過程中，我們可以看出，公司的合夥人制度相當於公司總部和各個門店之間的利益再次分配。公司在推行該制度的過程中也可能存在以下問題：部分門店內部的員工為了某些小利益會不會截留該部分收益，而違背公司推行合夥人制度的初衷呢？首先，永輝合夥人制度對一線員工的最低比例有著比較明確的約定。其次，公司總部將與各個合夥人之間的相關約定和制度完全公開透明化，一線員工可以根據自身銷售狀況預見未來的收益。在這種情況下，各個門店的負責人很難做到中飽私囊。永輝推行合夥制度一年多來，不少一線員工從該制度中取得收益。從實行合夥人制度以來，在保證原來工資、獎金等的情形下，科長類員工每月基本

可以多拿 1,000~2,000 元的額外收入，業績好的時候甚至可以拿到 3,000 多元，幾乎接近他們原來的收入總和。合夥人制度不僅提高了員工收入，而且還解決了永輝面對的其他管理問題。永輝離職率從 8% 降至 4% 左右，各種商品損耗率從 6% 降至 4% 左右，商品上貨率、產品更新率大大增加，員工對顧客的服務質量得到明顯提升。

3. 不同合夥人共同參與目標制定、目標外收入再次分配

總部代表和各個門店代表共同制定本季度目標銷售額和目標銷售利潤，季度結束完成預定目標的，將目標之外的收入按照一定比例（70%、50%、30%）決定為溢價收入，再次分配給對應的員工。對於每個員工來說，其能否參與再次分配收益，很大程度上受其所處部門目標完成率的影響。除職能部門之外，每個具體的業務部門都會根據門店的銷售目標設定本部門的銷售目標和銷售利潤。只有該業務部門完成預定目標的 95% 以上，該部門員工才能再次參與目標外收入的分配。目標外的收入（大紅包）根據參與分配人數的職稱級別劃分為若干個小額紅包，然後再次進行分配。此外，至關重要的是員工都關心的問題即如何分配收益和分多少收益。既然永輝實行的是合夥人制度，那麼就要讓更多的公司員工參與分配規則的制定。一線員工首先共同推選出合夥人代表參與決策的制定，通過該方式共同制定的目標具有代表性且相對容易實現。對於分多少收益，永輝通過制定公平、公開、透明的計算規則，並且根據多勞多得的規則，讓公司的每一個員工對自己的未來收益有一個合理的預期，以此提升員工的工作激情。

（四）具體考核制度

1. 執行「復盤+賽馬」制度

永輝的合夥人執行「復盤+賽馬」的規定，激發了內部員工的創新意識。

復盤制度是指按照月度組織相應的合夥人復盤，制訂出不同排序的賽馬方案，執行「高標準、高激勵、高淘汰」的制度，做到各個合夥人之間獨立核算、自主經營、自負盈虧、自我管理、自主決策的動態化決策機制。

永輝的賽馬制度通常將員工拆分為 7 人小組，每個小組選出一位組長。永輝以具體門店為業績考核單位，所有員工均需共同參與。

2. 關注關鍵業績指標，明確合夥人工作重心

一直以來，永輝超市以果蔬生鮮為核心競爭力。生鮮和果蔬運輸、保管和銷售過程中的損耗一直是零售商的巨大挑戰。但是在永輝合夥人制度的具體業績考核指標中，我們沒有發現永輝對該指標格外關注。這是不是意味著永輝放棄了對生鮮果蔬損耗率的考察呢？在永輝超市合夥人制度的考核中，每個具體的業務部門都會根據自身狀況設定不同的具體業績指標（通常為毛利），門店則會根據各個業務部門業績（通常為毛利）完成情況進行排名，根據排名情況確定各個業務部門業績分紅系數。由此產生了一個十分有趣的現象，如果要提高公司的毛利率，通常採用兩個方法：一是提高銷售價格，二是降低銷售成本。果蔬的價格一般由市場決定，故很難調整售價；永輝規定了統一的採購價格，故很難從源頭控制成本，因此只能通過對儲存、銷售環節的控制降低成本。公司的生鮮果蔬損耗率僅為 5%左右，但是其他零售商通常為 30%左右，生鮮果蔬損耗率遠遠低於行業平均水準。

傳統的業績考核通常採用 KPI 指標，具體考核指標通常不低於 5 個，再乘上對應的考核系數。單個業績指標對員工的收入幾乎不產生明顯的影響。對於薪資水準較低的員工，KPI 考核很難發揮真正的作用。永輝超市沒有設定複雜的業績考核指標，僅考核關鍵指標，剩餘考核任務交給具體責任人員。例如，永輝超市將毛利作為關鍵業績考核指標，不僅降低生鮮

果蔬的損耗率，而且大大提升了員工的工作熱情，提升了公司的服務質量。

3. 實行動態化的合夥人進退體制

永輝超市的合夥人制度規定超額收益由達標部門的所有人員共享，因此該部門的每一位員工事實上都成了事業合夥人，其中難免存在部分合夥人坐享其成的情形。為了避免門店出現該情況，永輝每季度都會對相應的合夥人進行必要的考核，不合格的合夥人將會被淘汰。每個具體的部門都享有在該部門內部招聘、解雇員工的權利，由於額外收益由公司所有的人員共同分享，因此部門內部不允許存在偷懶、拿錢不幹事的員工，也不希望更多的人員分享既存的收益。該模式提升了員工的工作積極性，節約了公司的人力成本。永輝實現合夥人制的本質是提升員工的工作積極性。為了消除搭便車員工的存在，永輝內部實行動態化的調整機制十分必要。目前，大量的企業都擔心公司離職率、流動率太高，其實人員流動本身就是一個優勝劣汰的過程，能者繼續留下，無才者選擇退出。這對於永輝超市來說可能是一件好事，因此永輝在合夥人的選擇過程中堅持寧缺毋濫。

永輝通過合夥人制度一方面提升了公司的服務質量，另一方面也大大提高了員工的工作效率和效果。2015—2016 年，永輝門店數量分別是 388、487 家；員工數量從 75,000 多人降到 70,000 人左右，單店員工的平均人數大幅度下降；人效從 56 萬元/人提高到 70 萬元/人。

三、永輝超市合夥人制度的啟示和經驗

（一）激勵創新

永輝實行合夥人制度的主要目標是激勵公司內部員工，並借助阿米巴思維實現「人人都是經營者」。永輝超市合夥人制度對現代公司治理制度產生的影響就像改革開放初期的家庭聯產承包責任制，是對現代公司治理

體制的創新。永輝的合夥人制度在零售業及相關的行業都具有很強的代表性。在中國經濟從追求量逐步轉變為追求質的大環境下，如何留住優秀人才、激發全體員工工作積極性、將員工薪酬和業績相聯繫、把公司的利益和全體員工的利益捆綁在一起，成了永輝超市繼續推行合夥人制度的另一原因。公司業績好、員工收入高成了永輝超市另一特色。

通過對永輝超市的案例分析，我們發現永輝超市通過推行合夥人制度，讓更多的一線員工分享公司收益，也向他們傳達了「人人都是經營者」的企業理念，極大地滿足了一線員工的物質需求和精神需求。永輝通過一系列的激勵措施向員工傳遞承諾一致性的信息，即組織履行對員工的責任——兌現承諾，為雙方形成心理契約奠定了基礎。同時，隨著員工心理授權水準的提高，員工在完成工作時能更加積極和主動，進而產生組織期望的結果，提高組織的整體績效。由此可見，員工激勵契合、心理授權和員工工作滿意度三者之間形成有機整體，共同構成一線員工有效激勵的微觀基礎。其中，在組織層面，組織實施一系列的激勵措施，讓一線員工真切感受到契合其訴求的組織行動。在員工層面，員工激勵會調整員工的心理授權，改善其心理狀態，增強他們的工作滿意度，產生行為績效，即產生互動行為回報組織的激勵行動，提高公司的營業利潤，最終實現互惠雙贏。

在多數人的概念裡，合夥制是管理層的專屬激勵機制。然而一線員工盡心與否對企業實際經營結果的好壞會產生巨大的影響。但是傳統的把控方式是通過 KPI 考核對員工進行約束，要麼事無鉅細無法突出重點，要麼考核關鍵約束忽略其他關聯要素。而永輝超市的門店合夥制度將 7 萬多名一線員工納為事業合夥人，對超額利潤進行分享，給了我們提高一線員工積極性的方向；同時，減少了企業剛性成本上升壓力，將長期價值最大化。

（二）形成了穩定和諧的雇傭關係，彰顯企業文化

永輝合夥制模式通過一系列激勵措施調整一線員工的心理授權結構，對其工作態度和行為績效產生積極影響。永輝中大部分的員工都在合夥制中受益，員工也通過不懈努力和用心服務回報組織，實現了企業利潤的增長。而這都應該歸功於永輝實施的激勵措施契合了一線員工的真正訴求，形成了有效激勵。雇傭雙方經過磨合產生了心理共鳴，進而會有穩定和諧的雇傭關係。

與組織中的知識型員工不同，一線員工在文化水準、知識技能、個人訴求、自我心理定位等方面都存在一定差異。很多針對核心員工的激勵模式可能並不適用於一線員工。一線員工在組織中是一個特殊群體，他們可能長期遭受社會偏見、身分歧視、制度排斥、隱形隔離等不公平待遇，他們也更加渴望提升，渴望組織的認同。Fehr（2004）從社會偏好需求角度出發，通過實驗研究的方法驗證了身分認同、尊重等精神激勵方式對員工行為的激勵作用。當一線員工得到組織的認同或者其個人發展和組織緊緊聯繫在一起，他們會願意投入更大的努力去幫助組織實現目標，也會增強留職意願。

第三節　沃爾瑪案例[①]

一、案例背景

沃爾瑪公司有折扣商店、倉儲商店、購物廣場和鄰里商店四種零售業

---

① 佚名.沃爾瑪薪酬制度 員工也是合夥人［EB/OL］.［2005-03-07］. http://www.qzwb.com/gb/content/2005-03/07/content_1561756.htm.

態,員工人數約 100 萬人,分佈在全球多個國家。如此龐大的企業實現低成本高效率運行,與其實施的合夥人管理有關係。沃爾瑪是全球最大的私人雇主,但它不把員工當作雇員來看待,而是視為合夥人和同事。領導和員工及顧客之間呈倒金字塔的關係,顧客放在首位,員工居中,領導則置於底層。員工為顧客服務,領導則為員工服務。因此,沃爾瑪的一切人力資源制度都體現這一理念,除了強調員工參與決策之外,還推行一套獨特的薪酬制度。

二、員工合夥人方案

(一) 卓越的利潤分享計劃:發展了 130 萬名合夥人①

據不完全統計,沃爾瑪從 1972 年開始實施利潤分享計劃,到現在發展了 130 餘萬名合夥人,並參與每年利潤分紅。②

1. 利潤分享計劃

凡是加入公司一年以上、每年工作時數不低於一定小時的所有員工,都有權分享公司的一部分利潤。沃爾瑪根據盈利表現按員工薪資的一定百分比提留,一般為 6%;提留後用於購買公司股票,由於公司股票價值隨著業績的成長而提升,當員工離開公司或退休時就可以得到一筆數目可觀的現金或是公司股票。一位 1972 年加入沃爾瑪的貨車司機,在 1992 年離開時得到了 70.7 萬元的利潤分享金。

2. 員工購股計劃

沃爾瑪運用一個與利潤增長相關的公式,把每個有資格的員工的工資按一定比例放入這個計劃。員工離開公司時可以取走這個份額的現金或相

---

① 彭劍鋒. 沃爾瑪:四個計劃留住人才 [EB/OL]. [2011-09-15]. http://ceo198com.blog.163.com/blog/static/1886040622011815114129369/.

② 佚名. 他富可敵國,找了 130 萬名「合夥人」,按年薪的 6%給它們分紅 [EB/OL]. [2016-04-06]. http://www.jiemian.com/article/599735.html.

應的股票。沃爾瑪通過每月扣薪的方式支持員工購買公司股票，並補助15%的價款。現在，沃爾瑪已有80%以上的員工借助這兩個計劃獲得了沃爾瑪公司的股票。據統計，持有20年的股票回報高達4,000倍，參加股票購買方案的員工都得到了豐厚的回報，因此而暴富的員工不在少數。沃爾瑪大約有8%的股票被雇員所擁有。同時，沃爾瑪在1993年1月3日提出了一個「合作者股票所有權計劃」，大約有4,000名管理合作者獲得了股票期權。

3. 耗損獎勵計劃

自然耗損大是零售業盈利的障礙，沃爾瑪控制耗損的方法就是與員工分享因減少損耗而獲得的盈利。結果，沃爾瑪的損耗降到了行業平均水準的50%。而且，該計劃還使員工之間增加了信任感，員工內部也因此建立起了互相監督的機制，也鼓勵了員工自愛自重，減少了失竊現象發生。1988年，沃爾瑪的官方損耗目標1.5%；到1989年，這一數字下降到最低的1.2%。

4. 福利計劃

隨著利潤分紅計劃的成功，山姆·沃爾頓又實施了福利計劃。它包括員工的疾病信託基金、家屬教育獎學金、節約獎等，加上分店經理獎和補償方案等，每年要額外支出幾十億美元。沃爾瑪從1988年開始，每年資助100名沃爾瑪員工的孩子上大學，每人每年6,000美元，連續資助4年。

沃爾瑪的固定工資基本上是行業較低的水準，但是其利潤分享計劃、員工購股計劃、損耗獎勵計劃在整個報酬制度中起著舉足輕重的作用。沃爾瑪通過利潤分享計劃和員工購股計劃，建立起員工和企業的合夥關係，使員工與企業綁定，員工自身的收入水準與企業的發展水準直接相關，從而讓他們關心企業的發展，加倍努力工作。隨著沃爾瑪銷售額和利潤的增長，所有員工的紅利也都在增加。當然，這也會為沃爾瑪吸引和留住更多人才。利潤分享計劃使沃爾瑪與員工的利益緊密相連，使員工把公司的利

益放在第一位。沃爾瑪的每個基層店，都掛有這樣的標記牌：今天我們公司的股票價格，就靠我們的工作。

(二) 門戶開放讓員工參與管理①

門戶開放是指在任何時間、地點，任何員工都可以口頭或書面形式與管理人員乃至總裁進行溝通，提出自己的看法建議和關心的事情，包括投訴受到不公平的待遇，而不必擔心受到報復。若員工的上司本身即是問題的源頭或員工對答覆不滿意，還可以向公司任何級別的管理層匯報。門戶開放政策保證員工有機會直接向公司高層表達他們的意見，避免了普通公司信息通道過於狹窄帶來的信息閉塞問題。對於可行的建議，公司會積極採納並實施。任何管理層人員如有借門戶開放政策實施打擊、報復行為，都將受到相應的紀律處分甚至被解雇。

沃爾瑪與員工之間的溝通方式不拘一格，有一般的面談、股東會議、衛星系統的信息傳遞等。沃爾瑪十分願意讓所有員工共同掌握公司的業務指標，每一件有關公司的事都可以公開。任何一個分店，都會公布該店的利潤、進貨、銷售和減價的情況，並且不只向經理及其助理們公布，而向包括計時工和兼職雇員在內的所有員工公布各種資訊，鼓勵他們爭取更好的成績。沃爾瑪認為員工們瞭解其業務的進展情況是讓他們最大限度地干好其本職工作的重要途徑。它使員工產生責任感和參與感，意識到自己的工作在公司的重要性，覺得自己得到了公司的尊重和信任，他們會因此努力爭取更好的成績。

(三) 沃爾瑪有一套完善的終身培訓機制

沃爾瑪有一套完善的終身培訓機制，它的目的是幫助每一個員工真正實現自己的價值，而不僅僅是工作的機器。激發人的創造力比單純驅使人

---

① 石吟. 沃爾瑪的經營理念？[EB/OL]．[2017-05-23]．https://www.zhihu.com/question/21104161/answer/173446552；雨林霖. 沃爾瑪本小利大的合夥人文化 [EB/OL]．[2007-05-10]．http://blog.sina.com.cn/s/blog_4ab186d4010008c4.html.

的勞動力要重要得多，沃爾瑪甚至還專門開設了沃爾頓零售商學院，以培養表現優秀的人才。因此，沃爾瑪的離職率在所有零售百貨公司中是最低的，即使員工離職了，在他的心中永遠對沃爾瑪懷有一份感激之情。[1]

三、沃爾瑪公司的經驗與啟示

（一）員工作為合夥人具有強烈的歸屬感

沃爾瑪不把員工當作雇員來對待，而是視為合夥人和同事。領導、員工及顧客之間呈倒金字塔的關係，顧客放在首位員工居中，領導則置於底層。員工為顧客服務，領導則為員工服務。

管理者與員工的關係是夥伴關係，儘管名義上有職務大小的區分，但是每個人都是值得平等對待的夥伴關係。在後期，沃爾瑪的員工合夥人計劃落到實處，利潤分享、雇員購股和損耗獎勵等措施相繼實施，在沃爾瑪真正實現了責任共擔、信息共享的合夥人共同體。

（二）將權力下放給每一位員工，讓員工實現個人價值

沃爾瑪將權力下放給員工，並授予決策資格，讓其有權根據銷售情況訂購商品，並決定商品的促銷策略。同時，其他員工也可以向經理們提出自己的意見和建議。

分擔責任和分享信息是合夥關係的核心。要贏得員工的真正合作，僅靠口頭承諾和利潤分享還不夠，還要在管理上真正落實員工參與。公司必須信任他們，然後才是檢查他們。沃爾瑪在每家店裡都定期向全體員工公布該店的利潤、進貨、銷售和減價情況。與員工分享信息的好處要遠遠大於信息因此而洩露給外人可能帶來的副作用。沃爾瑪抵制工會遭遇了很多批評，但事情的另一面是，沃爾瑪能夠長期地有效對抗工會，與其把員工當作合夥人、有一套完整的員工利潤分享措施密切相關。

---

[1] 仲繼銀. 沃爾瑪：雙重合夥分享治理 [J]. 董事會, 2011 (7): 96-98.

第五章　現代商貿服務企業合夥制商業模式創新與典型案例

「合夥人制+眾籌制」是未來主流的商業模式。

——雷軍（小米創始人）

第一節　合夥制商業模式創新分析

商業模式是公司追求價值創造和價值獲取的獨特邏輯。它描述了公司能為客戶提供的價值以及實現其價值的內部結構、合作夥伴網絡和關係、資本等。現代商貿服務企業合夥制實質是共享經濟演進下的商業模式創新。可以預見，現代商貿服務企業合夥制管理將從組織、流程、分享機制等方面實現商業模式創新。

一、生態型組織創新

合夥人、平臺公司、用戶建立起互動的社群關係，形成從研發、製造到生產、使用的產業鏈條，形成生態型經濟模型。合夥人模式將更有效地

激發創新者能量和增強客戶體驗。在創造和傳遞客戶體驗的過程中，客戶和供應商，甚至整個供應鏈的合作夥伴都參與進來。平臺將逐步發展成為創新生態系統。商業企業傳統的加盟更強調利益分割，而合夥制更注重價值共創。加盟制是典型的加法效應與規模經濟，而合夥制是乘法效應與生態經濟。例如中國第一家上市供應鏈企業怡亞通提出的全球供應鏈生態圈，體現了共生、共融、共享的生態特點。怡亞通公司把幾十萬個門店基於互聯網連接在一起，稱之為「N個平臺+N個合夥人公司」。因此，它不僅僅是一個總部平臺，而是連接了N個合夥人公司的N個平臺。在這個平臺上，每個小單位的資產又是獨立的。

連結5-1　互聯網電商的生態轉型[①]

互聯網電商業內有這樣一種說法：應用型公司值十億量級，平臺型公司值百億量級，生態型公司值千億量級。能滿足用戶特定需求的公司屬於應用型公司，絕大部分公司歸於此類；蘋果、谷歌、阿里、騰訊這類公司則是生態型公司，市值在千億美元以上；而美團則處在兩者之間。美團要想從百億量級躍升到千億量級，關鍵就在兩個字——生態。縱觀國內外巨頭企業的發展史，都離不開對生態的重視。亞馬遜從電商起家，延伸到了雲計算、硬件和物流，構建了巨大的生態系統，所以亞馬遜雖然虧損多年、盈利艱難，依然持續受到追捧。阿里巴巴從2007年就提出生態企業理念，搭建平臺開放資源讓眾多企業參與進來。馬雲曾說，阿里巴巴是由成千上萬參與者共同建立的生態系統，阿里巴巴與中小企業在這個系統中得以共贏。2011年起，騰訊也提出了與合作夥伴共同打造「沒有疆界、開放分享的互聯網新生態」，專注做連結，在與合作夥伴的協作中從一棵大樹

---

① 雲峯雲岫. 美團點評「城市合夥人計劃」：從百億到千億美金的縱身一躍 [EB/OL]. [2017-02-23]. http://www.iheima.com/zixun/2017/0223/161435.shtml.

成長為一片森林。任何一個互聯網巨頭要想得到持續的發展，都要建立自己的開放平臺，構建生態系統，在協作中得永生。馬雲由此說：因為是生態，所以能生生不息。

美團估值早已突破百億美金，目前美團的活躍買家已經超過2.2億，僅次於阿里巴巴，位居中國電子商務平臺第二。這個時候，若美團開放自己的平臺，把業務用城市合夥人的方式下放，就像阿里巴巴放開物流、騰訊開放游戲一樣，能讓各方都提高收益，提升平臺效率，使美團向輕資產配置轉型。美團宣布成立餐飲平臺，通過開放平臺連接社會資源；接著3個月後城市合夥人計劃應運而生，成為美團「建平臺、建生態」實施落地的一部分。城市合夥人計劃是美團由自營為主轉向「自營+代理」的一個重大轉折點。該計劃開始於2016年10月，最初放開的是全國基本未開發的584個縣級城市，主要包括餐廳團購、推廣、支付等業務；隨後再次宣布開放623個城市，同年12月進一步放開843個縣市，面向全國招募合作夥伴。

合夥人收入主要來自「團購毛利分成+考核獎金+其他產品」，申請人需要具備長期合作意願、開拓市場能力和資金實力三個條件。實行合夥人計劃對美團來說意味著什麼呢？就像一只負重的獅子，把背上背的小獅子放下來，讓他們自己行走，大獅子只負責領路。這樣一來，大獅子腳步更加輕快，小獅子強大後再帶領自己的小小獅子，一個龐大的獅子家族便形成了，生生不息，越走越遠。從公司治理層面看，自營轉代理能夠簡化公司內部結構，是公司的一次瘦身，有利於提高效率，降低成本。塑身後的企業能夠將更多的精力用在創新和服務上。從企業發展層面看，一家企業要想做出偉大的成就，不可能單槍匹馬全靠自己去做，眾多小河匯成的江河才能擁有流入大海的力量。合夥人計劃是美團組織結構的一次升級創新，為其更長遠的發展注入活力。從產業層面看，開放平臺是美團生態系

統建設的重要一環，美團點評餐飲平臺總裁王慧文在內部講話中提到，構建「互聯網+餐飲」的良好生態，能夠幫助產業實現互聯網化、數據化，驅動整個餐飲產業完成供給側改革，讓消費者享受更好的服務。孤木難成林，開放平臺、以合夥制匯聚更多人參與「劃槳」，能產生整體大於部分之和的共贏，輕裝上陣帶領合夥人實現雙向價值。

從平臺到生態系統，阿里巴巴、騰訊等都走過相似的開放路徑；京東、小米等公司也都在為成為生態型公司選手努力填補短板；美團實施城市合夥人計劃，構建互聯網餐飲生態系統，是從平臺向生態、從百億到千億的縱身一躍。

二、價值創造流程創新

（一）對價值主張的影響

「尊重個人、尊重顧客」的價值主張和理念越來越被現代商貿服務企業重視。隨著互聯網的應用和崛起，以連鎖門店類企業為代表的傳統企業的商業模式和商業環境都發生著劇變。部分企業把一線員工發展為門店合夥人，以實現利益共享、風險共擔的創業機制，為人才提供創業平臺，幫人才實現人生價值。合夥制促使一線員工不僅關注產品銷售本身，更強調用戶滿意，將價值主張從產品價格優勢、產品差異化轉變為良好的用戶體驗、對客戶結果負責。這是合夥制對商業模式創新的影響。近年來，在零售、醫療、餐飲、服務類等採用連鎖門店經營的行業，除了構建品牌統一、資源聚合、服務標準化的連鎖品牌外，越來越多的企業圍繞著合夥人進行連鎖，其本質在於建立一套顧客的快速反應系統和人才創業發展機制。

連結 5-2　沃爾瑪的企業文化崇尚尊重個人

沃爾瑪的企業文化崇尚尊重個人，不僅強調尊重顧客，為顧客提供一流的服務，而且還強調尊重公司的每一個人。沃爾瑪是全球最大的私人雇主，但公司不把員工當作雇員來看待，而是視為合夥人和同事。公司規定對下屬一律稱同事而不稱雇員。即使是沃爾瑪的創始人沃爾頓在稱呼下屬時，也是稱呼同事。沃爾瑪各級職員分工明確，且少有歧視現象。領導和員工及顧客之間呈倒金字塔的關係，顧客放在首位，員工居中，領導則置於底層。員工為顧客服務，領導則為員工服務。接觸顧客的是第一線的員工，而不是坐在辦公室裡的官僚。員工作為直接與顧客接觸的人，其工作質量至關重要。領導的工作就是給予員工足夠的指導、關心和支援，以讓員工更好地服務於顧客。在沃爾瑪，所有員工包括總裁佩帶的工牌都註明「我們的同事創造非凡」，除了名字外，沒有任何職務標註。公司內部沒有上下級之分，下屬對上司也直呼其名，營造了一種上下平等、隨意親切的氣氛。這讓員工意識到，自己和上司都是公司內平等而且重要的一員，只是分工不同而已，從而全心全意地投入工作，為公司也為自己謀求更大利益。

（二）對價值鏈的影響

價值鏈是指企業創造價值的相互獨立又相互聯繫的一系列活動，構成了一個創造價值的動態過程。傳統商業企業多注意從供應商那裡獲取利潤，將競爭壓力轉移給供應商。在合夥制商業模式下，商業企業與供應商建立夥伴關係，聯手創造競爭優勢，把消費者的價值分析作為雙方共同的工作重點，並一同納入各自的戰略規劃中。例如，萬科總裁鬱亮提出「事業合夥人 2.0 或者 3.0 版本」，擬將項目跟投擴大化，把產業鏈上下游也變成合作夥伴，建立新型房地產生態系統。如果施工單位也成為事業合夥

人，偷工減料的問題也許就能從根源上得到杜絕，工程質量得以保證。房地產本身是個資金密集型行業，如果買地時資金方面引入合夥制度，也能大大減輕成本。這相當於將產業鏈上的利益相關者發展為合夥人。

連結 5-3　酷鋪商貿：構建全新零售經濟生態圈

新零售環境下，實體商超的競爭說到底就是供應鏈的競爭。酷鋪商貿合夥人計劃通過資產等使用權的轉移實現新零售環境下的共享經濟，並通過供應鏈資源、信息資源和管理資源的分享，構建一個全新的零售經濟生態圈。

酷鋪商貿借助銷大集集團股份有限公司旗下核心專業公司掌合天下、大集供銷鏈的供應鏈優勢，加快整合各類商品資源、渠道資源、物流資源、終端網點資源，搭建會員、信息、物流、商品、金融共享平臺，形成貫通流通領域上下游的酷鋪實體經銷網，為加盟門店提供商品和顧客消費行為大數據分析、現代物流供應、移動端平臺訂貨、互聯網金融融資平臺服務等各類加盟服務，為關聯商家擴展渠道和收益，從而形成零售經濟共享生態圈的良性循環。

三、價值分配機制創新

合夥制管理的目標是打造共創、共贏、共享的長效機制，把企業發展的內外要素整合起來，形成高效率的、具有獨特核心競爭力的運行系統，並通過提供產品和服務，實現企業、員工、顧客多方共贏的局面。在合夥制下，資本、員工之間的利益分配更公平，員工獲利空間更大。合夥制更好地滿足員工對財務自由的追求，幫助員工在企業平臺創業做「二老板」，成為既是職業經理人又是財富獲得者的合夥人。因此，合夥制管理促使企業與個人形成「價值創造—價值評價—價值分配」的良性循環機制。

連結 5-4　海爾創新合夥人下的社群商業模式[①]

在「互聯網+」逐步深入發展的背景下，社群經濟成為企業開放創新模式的突破口。社群經濟就是一群有著共同興趣、認知、價值觀的人們在一起互動、交流、協作，從而合力創造出價值。社群經濟的本質是人與人的分享和共贏。企業搭建社群經濟平臺，一方面需要把握用戶的需求，另一方面需要整合各方面優質資源，集眾之所長。海爾開放創新平臺 HOPE 作為全球領先的開放創新平臺，經過多年的積澱，聚集了來自全球的 40 多萬名解決方案提供者，並通過與全球各類創新平臺合作，使平臺資源量更加豐富。來自全球的用戶與技術創新者在平臺上進行技術交流，形成了以科技創新為驅動的龐大社群。那麼，如何充分挖掘社群上創新者的價值，推動科技創新與用戶需求的匹配？為此，海爾開放創新平臺 HOPE，發布了創新合夥人計劃（A 計劃），對現有開放式創新模式進行升級迭代，圍繞持續迭代用戶最佳體驗，將過去的從創新機構間的合作升級到以社群為主體的創新生態系統。創新合夥人模式將對海爾開放創新平臺社群發展產生哪些影響？又將為海爾社群經濟模式帶來怎樣的突破？海爾創新合夥人計劃從模式、流程、組織、分享機制對現有平臺進行了全面升級。主要體現在四個方面：一是模式升級，從機構合作升級到創新社群營運。隨著平臺的發展，越來越多的用戶和技術創新人在海爾開放創新平臺完成了對家電等產品的創造創新，海爾開放創新平臺也從單純的平臺發展成為創新生態系統。創新合夥人的模式將更有效的激發創新者的能量，實現與海爾開放創新平臺共創、共享、共贏。二是組織形式升級，創新合夥人計劃通過對創新社群的營運，形成混沌而有序的組織形式。創新合夥人、海爾、用戶通過 HOPE 平臺建立起互動的社群關係，形成從研發、製造到生產、使

[①] 佚名.海爾「創新合夥人」下的社群商業模式[EB/OL].[2017-01-13].http://news.xinhuanet.com/itown/2017-01/13/c_135979749.htm.

用的產業鏈條，形成社群經濟生態模型。三是流程升級。海爾開放創新平臺為創新者提供精準的用戶交互、方案匹配；同時為顛覆性技術、創意轉化提供了快速轉化、孵化的流程；深度挖掘社群商業模式，推動科技創新的市場轉化。四是機制升級。海爾創新合夥人模式打造共創、共贏、共享的機制，形成 HOPE 社群科技創新和應用的長效機制。海爾創新合夥人計劃自開展以來，已經收到來自全球各地的用戶、創新者及企業的反饋。他們認為這樣的形式有助於快速、準確地實現技術與需求的對接，縮短了產品孵化的流程，有利於創造更好的產品體驗，對創意和產品方案的轉化有著極大的推動作用。可見，海爾創新合夥人模式通過開放的方式，為企業、用戶以及創新合夥人帶來共贏。海爾從用戶需求到技術創新、企業以及合夥人共同協作，最終實現市場價值，形成了科技創新社群的生態閉環。創新合夥人模式下的海爾開放創新平臺對經濟效益、科技創新的驅動以及滿足市場和用戶需求，產生了不可估量的影響。海爾開放創新平臺 HOPE，通過與全球夥伴知識共享、資源共享，建立專業領域的個人圈子，打造全球交互社區。

第二節 7-ELEVEN 案例[①]

一、案例背景

7-ELEVEN 公司是日本零售業巨頭，世界最大的連鎖便利店集團，在日本和全球擁有便利店、超級市場、百貨公司、專賣店等。截至 2016 年，

---

① 顏豔春. 從利益共同體到命運共同體 7-ELEVEN 人效比肩阿里背後 [EB/OL]. [2016-07-01]. http://www.linkshop.com.cn/web/archives/2016/352247.shtml.

7-ELEVEN 在全世界 17 個國家和地區擁有近 59,000 家店。7-ELEVEN 基本沒有自己的直營商店，也沒有一個工廠是自己的，更沒有一個配送中心是自己的，為什麼能成為零售巨頭呢？這得益於 7-ELEVEN 具有合夥基因的共享經濟平臺。

7-ELEVEN 在日本的經營總面積 2,439,550 平方米，單店平均經營面積 131 平方米，全日本開有 18,572 家連鎖店，其中直營店只有 501 家。在日本，每天有超過 2,000 萬人次光顧 7-ELEVEN，享受 24 小時全天候和全渠道的便利服務。7-ELEVEN 日本公司從 1974 年創立以來，保持了連續 41 年的增長勢頭。一個看起來十分傳統的便利店公司，居然能夠長期屹立不倒。2016 財年，7-ELEVEN 日本公司 8,000 多名員工，令人驚奇地創造了近百億元的利潤；在全日本便利店市場份額超過 40%，是第二名的兩倍。在集團旗下兄弟公司伊藤洋華堂、崇光和西武百貨板塊業務整體出現虧損的情況下，7-ELEVEN 貢獻了集團 101% 的利潤；淨利潤率高達 20.5%，超過全球所有零售企業（全球平均水準在 3%左右）。

二、7-ELEVEN 的合夥人運行機制

7-ELEVEN 是一個特許加盟連鎖的利益共同體，更是一個命運休戚相關的命運共同體。7-ELEVEN 構造了一個相互依存的生態系統，用自己獨特的價值主張，為每個合夥人打造了一個共享的平臺。

1. 從利益共同體到命運共同體

7-ELEVEN 是一個特許加盟連鎖的利益共同體，更是一個命運休戚相關的命運共同體。作為日本零售業最大的 B2B 共享經濟體，7-ELEVEN 構造了一個相互依靠的生態系統。在這裡，我們看不到冷血的無情廝殺，也聽不到慘烈的戰馬嘶鳴。鈴木先生「不戰而屈人之兵」的智慧，團結了一大群熱愛零售業的人們。7-ELEVEN 日本公司只聘用了 8,000 多名全職員

工，其餘人員全部都是加盟店、製造商和供應商的雇員。日本總部商品部門只有 150 名員工，除去從事品質管理及原料調度的人員之外，實際擔任商品開發工作的人約有 100 名，平均一個開發人員就能達成 420 多億日元的業績。他們不但需要進貨，還要承擔每年超過 70% 新商品開發和更新。7-ELEVEN 日本公司在已經開店的區域中設有 171 家專用工廠，幾乎所有工廠都是由製造商或供應商投資。

7-ELEVEN 整個共享經濟體的從業人員總數超過 40 萬，其中在加盟店工作的人數超過 30 多萬，服務於工廠、物流配送的人員有 10 多萬。共配系統打破了製造商和企業之間的高牆，並且跨越了商品品類的框架，組成了共同配送的體系。7-ELEVEN 根據商品的物流溫度層和到貨頻率（比如一天配送三次的新鮮商品，或是一日一次、一週一次的配送頻率）進行共同配送，所有東西都是可以共享的。7-ELEVEN 既是共享顧客的平臺，也是共享信息、共享物流、共享採購和共享金融的平臺。無論是 SEVEN 銀行、SEVEN 網購或是 SEVEN 外送餐，還是策略聯盟的供應商們，7-ELEVEN 作為一個共享經濟平臺為所有參與方創造了巨大的商機。例如，亞洲最大服裝零售商優衣庫線上的訂單，可以到日本大部分 7-ELEVEN 商店自提，顧客得到了極大的方便，消費者不用在家等收快遞，可以就近選擇離家或者辦公地方最近的 7-ELEVEN 便利店收貨。

7-ELEVEN 將工廠、配送中心和加盟店與總部結為命運共同體。前者的利益就是後者的利益，後者的革新與前者的成果直接相關。在從事鮮食商品開發與生產的合作夥伴當中，一些曾經名不見經傳的中小企業，在與 7-ELEVEN 合作後，實現了自我成長，甚至成為上市企業。

2. 小店賦能

7-ELEVEN 擁有強大的賦能能力。7-ELEVEN 在強大的供應體系、後臺系統等連鎖經營體系的支持下，能夠對門店的商品開發、經營、商品陳

列、物流和倉儲等賦能，使這些看似平凡的門店獲得更高的盈利，同時也減輕了採購、物流等負擔。

為了應對市場複雜的變化，幫助各類門店不斷成長，總部就要不斷為這些門店賦能。鈴木先生一直以來不僅把加盟店和總部的關係看作利益共同體，更看作同甘共苦的命運共同體。7-ELEVEN 提供了五項賦能給這1.8萬多家小店主：商品開發賦能、經營賦能、IT賦能、物流賦能和金融賦能。7-ELEVEN 與加盟店簽訂的合約中，有一個世界其他特許加盟連鎖店大多都沒有採取的「對加盟店有最低保證」的承諾條款。也就是說，假如加盟店的收入非但沒有增加，甚至還低於標準的話，7-ELEVEN 總部不僅不向加盟店收取技術支持的費用，還對加盟店填補差額。這項承諾將總部的責任意識用具體的形式表現出來，而不只是精神理論而已。換言之，如果總部對加盟店的協助不力，無法使加盟店的業績得到提升，總部就必須自己承擔後果。總部對加盟店的經營扶持一旦奏效，加盟店的毛利有所增加，那麼總部的淨收入可以得到提升，得到不斷發展；但如果各家加盟店業績不佳，總部便也無法生存下去。這也就意味著，如果加盟店業績成長，總部就會興盛繁榮。因此，加盟店的業績將最終左右日本 7-ELEVEN 總部的興衰，7-ELEVEN 所有員工必須以協助各家加盟店生意興隆為己任。在 7-ELEVEN 中，有一群工作人員，他們每人負責7~8家門店，從事一線門店經營指導的顧問工作，那就是 OFC（營運現場指導）。他們的職責就是專注為這些小店主提高經營賦能，幫助他們的門店一起成長。此外，鈴木先生過去每週（現在為每兩週一次）親自主持全日本 OFC 齊聚東京總部的會議，每次均要求貫徹他的經營哲學。從始終堅持與一線員工面對面溝通這件事就可以看出，他對加盟店經營相關的信息是多麼重視。

小店賦能所帶來的成效顯著。7-ELEVEN 單店的經營效益全球第一，平均每日接待客人超過 1,053 人，單店平均毛利率超過30%，年均銷售超

過1,300萬元，日均銷售超過3.8萬元，大大高於日本同行，基本上是中國同行的10倍以上。中國特許加盟店鋪數最多的美宜佳公司在2015年擁有7,400家，銷售額83億元，單店日均銷售3,082元；中國銷售額最大的中石化易捷開有2.5萬個加油站便利店，2015年銷售額248億元，單店日均銷售只有2,717元。

三、7-ELEVEN的經驗與啟示

在中國，大部分零售便利店的盈利模式並不是跟加盟商進行利潤分成，而是一種簡單的邏輯，即把貨賣給消費者，做大規模，去拿供應商的返利。這種模式相對粗獷，並且可持續性不強。反觀7-ELEVEN，公司將收益的大頭分給了夫妻店，剩餘收益為總部所得，使得各家夫妻店的工作熱情得到極大的激發，在自身收益提高的同時使7-ELEVEN得到了持續性的發展。

第三節　阿里健康的藥店合夥人計劃

一、案例簡介[①]

阿里健康是阿里巴巴集團「Double H」戰略（Health and Happiness）在醫療健康領域的旗艦平臺，是阿里巴巴集團投資控股的公司之一。憑藉阿里巴巴集團在電子商務、大數據和雲計算領域的優勢，阿里健康以用戶

[①] 佚名. 阿里健康和線下藥店發起未來藥店合夥人計劃[EB/OL]. [2015-10-22]. http://tech.hexun.com/2015-10-22/180036642.html；佚名. 阿里健康啓動未來藥店合夥人計劃 中國的「未來藥店」什麼樣？[EB/OL]. [2015-10-22]. http://biz.zjol.com.cn/system/2015/10/22/020883526.shtml.

為核心，為醫藥健康行業提供全面的互聯網解決方案，以期對現有社會醫藥資源實現跨區域共享配置，大幅提高就醫購藥的效率。目前，阿里健康開展的業務主要集中在產品追溯、醫藥電商、醫療服務網絡和健康管理等領域。

中國互聯網網民已經超過了6億人，並且仍然在快速增長。日常衣食住行的絕大多數商品，我們都可以在互聯網上購買。與這形成鮮明對比的是，中國OTC藥品的網絡滲透率不到2%，遠低於服裝的31%、化妝品的20%，可供拓展的空間非常大。與此同時，中國藥品電商交易額從2011年開始正經歷著每年150%的高速增長。時下，醫藥O2O是被資本看好的又一個行業熱點。通過建立平臺將線下零售藥店和用戶的關係進行捆綁是最主要的模式，但平臺與合作藥店如何分成、平臺與平臺之間如何競爭等問題將隨著醫藥O2O的發展逐步顯現。阿里健康擬通過和全國線下線上藥店建立夥伴關係，與藥店們共建「B2C+O2O」平臺，從而打破當下藥店的孤島營運模式，讓藥店們借助阿里健康平臺提供的流量、工具和服務，與醫療機構、第三方服務商等建立連接，逐步發展為新一代藥店。

阿里模仿美國CVS公司推出了藥店合夥人計劃。2015年10月末，阿里健康發布未來藥店合夥人計劃，與百餘家藥品零售企業共同分享了打通線上線下的「未來藥店」模式。這種「未來藥店」模式可以在今後將中國的幾十萬家實體藥店延展為便利店、便民體檢點甚至是社區中心，直接挑戰了中國藥品零售業的現有格局。公開資料顯示，美國CVS公司營運著超過5,400家零售藥店和專用藥品店，其不僅銷售處方藥，還經營非處方藥品、美容護理產品、膠卷與影像服務、季節性商品，甚至有賀卡、方便類食物等。除了網上藥店，美國CVS公司還有線下的零售藥店和專用藥店，可以滿足消費者的多重消費需求。2006年，美國CVS公司通過收購診所的

方式把診所開進藥店。如此，消費者無須掛號預約，就能在藥店裡享受到費用低且絕大部分在醫保範疇內的醫療服務。

二、未來藥店合夥人計劃的內容

未來藥店合夥人計劃主要包括四個方向[①]：

首先，合夥人藥店背靠的是「B2C+O2O」平臺雲藥房的延伸貨架。當消費者在線下實體店沒有找到所需藥品時，線下藥店可以介紹消費者到線上藥店進行購買，若消費者成功購買，線下藥店會獲得收益。而如果線上消費者有緊急購藥的需求，也將被優先推薦給所在區域的合夥人藥店，消費者可以選擇極速達配送或者自提迅速拿到所需的藥品。

其次，阿里健康提供的會員行銷體系和數據分析工具，能夠為合夥人在開店選址、品類規劃、精準行銷等方面提供有效的建議。藥店將能夠對周邊人群最常購買的藥品以及常用品了如指掌，使得藥品能夠快速地進行配送和售賣。

再次，阿里健康會聯動國內外生產、分銷企業，為藥店提供有競爭力的藥品供應價格、物流配送服務、資金貸款、店員培訓、藥劑師諮詢等配套支持服務，確保藥店給予消費者優惠的商品、專業的諮詢和有保障的配送服務。「合夥人藥店將有更多機會獲得阿里健康的兄弟企業如螞蟻金服、菜鳥網絡、口碑網的支持。」阿里健康董事康凱接受健康點採訪時如是說。

最後，阿里健康所搭建的平臺，不但打通了線上線下的藥店，也接入了醫療機構、第三方醫療服務商、商業保險公司、可穿戴設備廠商等，給

---

① 佚名. 阿里健康和線下藥店發起未來藥店合夥人計劃 [EB/OL]. [2015-10-22]. http://tech.hexun.com/2015-10-22/180036642.html；佚名. 阿里健康啟動未來藥店合夥人計劃 中國的「未來藥店」什麼樣？ [EB/OL]. [2015-10-22]. http://biz.zjol.com.cn/system/2015/10/22/020883526.shtml.

藥店拓展經營範圍和創新營運模式創造了機會。

三、未來藥店合夥人計劃的實施

（一）阿里健康成立 O2O 藥店先鋒聯盟①

藥品購買具有很大的地域性，由此導致不同地域的消費者在購藥品牌商的選擇上有一定差異。這也造成目前國內沒有一家連鎖藥店能夠覆蓋全國網絡。連鎖藥店出現這種市場特徵的另一大原因是因為上游企業相對分散。在美國，藥廠、醫藥流通公司相對集中，而在國內，僅藥廠就有4,000 多家，醫藥流通公司更是多達 1.3 萬家。這也是阿里健康成立 O2O 藥店先鋒聯盟的初衷，即將全國各地相對分散的連鎖藥店聯合起來，在互利共贏的前提下充分競爭。這次藥店先鋒聯盟制定了「四通一達」的標準，即會員互通、服務互通、採購互通、商品線上線下互通、O2O 快速到達。在新的標準下，首先需要統一的是系統。由於藥店比較分散，使用的管理系統千差萬別，因此無法打通彼此會員信息的共享。

通過阿里健康平臺購藥的用戶需要提供相應的藥事服務，可以與線下連鎖藥店實現遠程在線問診。採購互通即加入聯盟的藥店做集中採購，以獲得具有價格競爭力的商品。假如有一家連鎖藥店想去大學校園裡做促銷，但是他不清楚應該賣哪些產品給學生，而阿里健康基於這些用戶群體的購買數據可以給出相對精準的促銷產品建議。

（二）與白雲山的合作②

2015 年 10 月 22 日，阿里健康在北京舉行了「阿里健康未來藥店合夥人計劃」發布會。一個月後，白雲山公司發布公告稱，與阿里健康全資子

---

① 佚名. 阿里健康突進醫藥 O2O，聯手 65 家連鎖藥店組建先鋒聯盟 [EB/OL]. [2016-05-25]. https://www.sohu.com/a/77240374_251573.

② 佚名. 阿里健康推進未來藥店合夥人計劃 與廣藥白雲山達成深度合作 [EB/OL]. [2015-12-02]. http://www.pharmacy.hc360.com.

公司阿里健康科技（北京）有限公司（「阿里健康北京公司」）於11月30日簽訂《開展全面深度業務合作協議書》。雙方擬在醫藥電商、大健康產品及醫療健康服務方面開展合作，或可看作「阿里健康未來藥店合夥人計劃」的一次嘗試。據公告顯示，雙方將具體展開以下三方面的合作：

（1）O2O業務合作。

白雲山將自有的健民和採芝林連鎖藥房入駐到阿里健康北京公司的O2O平臺，深度參與阿里健康北京公司的藥店合夥人計劃。阿里健康北京公司發揮自身流量優勢、互聯網技術優勢和品牌影響力為藥店導流，並結合其他業務資源在藥店開展增值延伸服務。白雲山方面則發揮採購、營運等方面的優勢，與阿里健康北京公司共同對藥店進行管理，並利用行業資源幫助阿里健康北京公司吸引更多藥店加入。未來，雙方還將共同探索未來藥店的轉型模式。

（2）處方流轉合作。

在醫改頂層政策支持醫藥分家的大背景下，雙方共同探索處方流轉模式。雙方均具備一定的醫療機構資源，可進行深度開發。阿里健康北京公司利用自身技術力量和體系內的O2O、B2C藥品銷售平臺，可以承載外流的處方，為C端提供產品和服務。該業務可借鑑國際經驗，從常見慢性病用藥等需求龐大、風險小、安全性可控的領域入手，減輕醫院壓力，方便患者及時購藥，實現企業、醫院、患者多方共贏。

（3）醫保支付合作。

雙方以廣藥健民現有的醫保藥品在線支付為基礎，共同探索更廣泛的醫保在線支付領域，並在此之上對接醫保控費、電子監管碼等業務。這一方面為醫院和患者節約時間、提高效率，提升用藥和醫療服務的精準程度；一方面幫助政府節約資金，更好地開展公共衛生管理。

(三) 與醫院的合作

以阿里一貫做平臺和基礎設施的邏輯，阿里健康在醫療層面要成為醫院信息化、智能化的方案提供商，以及醫療信息化技術公司輸出服務的平臺，最終提供給 C 端用戶觸手可及的智慧醫療服務。醫療產業鏈上的各個環節和參與者，都能通過阿里健康平臺實現便捷接入並享受優質服務。

同時，阿里健康與上海交通大學醫學院附屬新華醫院（下稱上海新華醫院）進行了深度的戰略合作。阿里健康將致力於搭建醫院混合雲平臺、雲兒科醫聯體平臺，開發醫生智能培訓系統、醫學科研數據平臺，實現院內就診全流程移動支付等，從而打造出一個示範型的「智慧醫院」。早在 2014 年，新華醫院就正式啟動了「手機醫院」，市民可以在家用手機掛號、支付寶付費，到醫院直接進診室就診。從最簡單的掛號支付到人才培養、醫療科研及醫聯體建設，上海新華醫院與阿里巴巴的合作越來越深入醫療體系內部。

阿里健康與浙江大學醫學院附屬第一醫院構建了醫學人工智能實驗室，與浙江大學醫學院附屬第二醫院搭建智能醫學人才培訓基地。醫療人工智能，成了智慧醫療專場中阿里健康合作的主旋律和主基調，也可看作阿里健康在下個發展階段著力的重點。

第六章　現代商貿服務企業合夥制管理的未來趨勢展望

第一節　平臺型創業合夥制管理的廣泛應用

一、基於創業合夥人的平臺型企業將更加開放創新

經濟新常態倒逼企業轉型升級，打造創業平臺成為必然趨勢。無數的傳統企業在新經濟、新技術的衝擊下，充滿焦慮；過去的打法和管理模式慢慢地失效，盈利能力逐漸下降。而對於有了一定規模和累積的企業來說，必須轉型升級，從產品經營升級為產業乃至產業生態經營。而在轉型中，企業要成功，其核心是人才。資源、資本、地皮不再是競爭成功的根本要素，人才才是企業競爭勝出的根本。資源需要人才去經營，資本需要人才去使用和發揮效能。

平臺型企業已經逐漸成為常態。企業正從單一產品或應用的開發發展到多產品或應用組合的平臺，甚至發展為商業生態型組織，正詮釋著商業社會的發展進步。打造平臺型的企業成為企業未來競爭的常態。平臺合夥

人的公司將比其他企業更開放創新。它打破了企業內部縱向決策、橫向分工的組織體系，由公司建立支持平臺，在平臺上以合夥人牽頭建業務團隊。各業務團隊獨立決策、自負盈虧，合夥人對項目有充分決策權，享有相當的項目收益，因此工作積極性高，歸屬感強。公司的角色由領導者變成支持者和輔助者，為他們提供技術、人事、生產資料等支持，讓人才以公司為平臺進行內部創業。公司的角色由領導者變成支持者和輔助者。合夥人作為公司內部創業團體，在風險可控的情況下，擁有更大的經營自主權。

沿著事業合夥人的思想，有些企業將事業合夥人的範圍擴展至企業所在產業鏈的利益相關者，從而形成一個生態體系。產業鏈上的供應商、經銷商、外部的戰略合作夥伴、其他的外部專家，不管什麼樣的角色，只要能給公司創造貢獻，都可以納入事業合夥制管理裡面，按照所做出的貢獻獲取相應的價值分配。它的本質是讓價值參與增值部分的分享。

合夥制是企業未來發展的標配，可以把企業發展成平臺制和內部創業生態系統。組織變革，刻不容緩，讓優秀的人才成為合夥人，實現人與人、人與平臺、人與資本更好合夥。

二、組織「失控」將成為新常態

在企業向平臺型過渡的過程中，「失控」將成為組織新常態。企業應適應「失控」與混序，鼓勵內部市場化、允許內部競爭，不怕亂，亂才有未來。官僚式的、固化的組織流程已經不適應這個時代與轉型需要。企業應讓內部員工走向市場，去市場中磨煉能力，鼓勵內部相互競爭。企業應將過往的公司績效考核、公司人力資源管理轉變為市場規則競爭、用戶選擇。這必然導致內部流程的失效與重塑，顯得混亂。每個團隊有每個團隊的打法，企業不再有統一的業務層面的標準和流程，都讓市場去檢驗。雖

亂但亂中出人才，亂中取勝。正如凱文・凱利在《失控》一書中說的「傳統組織結構將置企業於死地，未來的企業組織會更類似於一種混沌的生態系統」。合夥制度的推行打破了職業經理人天花板，改變以往以任務為導向的激勵機制。執行合夥制度後，項目公司在業務環節擁有更多自主權。以前不管是什麼投資項目，投資決策都由總部來定，總部會站在整個集團的層面通盤考慮問題。推行事業合夥制度後，每年的投資金額、開發規劃、銷售目標等開始由項目主任們自行決策，但是各個項目公司有自身的利益，個體利益的最大化未必是總體利益的最大化。這種合夥制的弊端是可能會造成混亂，各個項目公司之間會爭奪資源。

三、人才競爭更加激烈

大眾創業的時代已經來臨，互聯網技術、互聯網思維為人們提供了創業的無限遐想。一線的從業者可以更直觀地接觸用戶，更容易發現用戶的需求與痛點；借助資本的力量、互聯網的技術，適應新一代消費者的經營思維，去創業、去顛覆。在新經濟時代，「戰略—組織—人力資源」式的傳統管理邏輯受到挑戰，管理的重心應首先是人力資源，公司的戰略、組織、資本等都要圍繞著人才轉。獲得人力資源、配置人力資源、給人才提供平臺是企業管理的發展趨勢。合夥制的本質在於建立一套企業分配機制，轉變職業經理人的身分，實現利益共享、風險共擔的創業機制，為人才提供創業平臺，幫助人才實現人生價值。

實施合夥制，一方面體現為對人才貢獻和價值的一種認可，以及給予人才創造實際價值及合理回報的機制；另一方面對於企業來說，通過激發人才創造力，並將企業經營行為下放給合夥人團隊，從而實現吸引和保有優秀人才的目的。企業通過組織形態、經營形態的轉變，實現從產品型企業向平臺型企業的過渡。

第二節　合夥制管理改革面臨的機遇與風險

一、合夥制管理改革面臨的機遇

（一）未來中國資本市場對同股同權原則的鬆動

在美國，人力資本高度密集的企業，採取了同股不同權的雙層甚至多種股權構架。例如：谷歌、臉書等採用雙層股權構架；Zynga 公司採取三層股權構架，其核心目的就是充分保障知識、技術和人力資本密集型公司的創始人或實際經營人員對公司的持續經營權，防止外部溢入資本過度干預和剝奪經營控制權而最終損害企業和最廣大相關方的利益。中國的相關法律規制，也需要解放思想、推進制度創新，跟進時代發展的趨勢和現實需求，強化人力資本在公司治理中的樞紐角色，強化經濟主體之間訂立契約的自發自主權，強化公司級契約（如公司章程）的優先效力。

上海證券交易所和清華大學 2012 年發布的一份研究報告稱：「股東大會中心主義在中國上市公司的實踐已經呈現出不適應性，主要在於：第一，股東大會對上市公司經營管理事項享有各項決策權，但股東眾多且比較分散，股東大會也不可能經常召開，因此眾多的審議事項都要積攢到一次股東大會上進行決議，導致公司決策效率低下、貽誤商機，最終的結果是股東大會形式化；第二，股東大會擁有公司經營方各主要事項的決策權，但是股東並不對其決定承擔責任，因此實踐中出現股東大會集體決策失誤卻無人承擔責任的局面。」因此，該報告認為中國的上市公司股東大會制度應從立法上進行改革完善。隨著中國存托憑證項目的推出，同股不同權等制度改革預期逐漸浮出水面。

（二）公司自治原則受到關注

股東一般可以通過章程和其他內部協議確立公司的治理結構和權力分配。公眾公司因為向社會公開發行股票，必須給股東提供更加嚴格的保護。從一股一權到雙重股權結構再到阿里合夥制度，其實質是在保障公司創始人團隊能夠專注於遠期目標進行穩定經營並在一個透明、公正的資本市場之間取得適當的平衡。從各國的歷史經驗看，這種平衡是動態發展的，也和一國或地區的整體法律經濟環境有關。香港證監會拒絕修訂其上市規則以接納阿里合夥制度，究竟是以投資人利益至上而做出的可貴的堅持，還是故步自封、落伍於時代發展的頑固抵抗，也許一直將有爭議和不同的解讀。同時，筆者也希望中國的公司法能夠不斷順應資本市場的發展而進行完善和改進。在中國，合夥制度畢竟是一種新興的公司治理制度，如何充分發揮其優勢，積極應對彌補其缺陷，還需要一段時間的累積和摸索。相關配套設施的建立和完善，是使合夥制度能夠長遠健康持續發展的關鍵因素。

二、合夥制管理改革面臨的風險

（一）合夥制管理改革中存在的問題

企業合夥人的改造效果突出，運行清晰、簡單。但從其過程來看，企業又需要慎重實施。因為企業的思維、方法變了，企業將會面臨新的挑戰和風險。

合夥制管理的改造，關係著企業長期戰略佈局以及資本、組織運行模式的一系列調整，需要企業做大量的研究、溝通工作。具體來看，企業要明確以下幾個問題：

（1）合夥人改造的戰略動力。

由於經營模式發生了調整，企業價值創造方式也出現了變化，那麼合

夥人改造中的收益及風險在哪？未來企業的願景規劃是什麼？這些都需要結合具體行業再做佈局。合夥制是一種戰略動力機制，不是一蹴而就，搞一套方案一推行就能解決企業所有問題。企業一定要把合夥製作為企業戰略要素來看待。合夥制是一種企業成長和人才的發展機制，是一個設計企業戰略創新、公司治理結構優化、組織與人的關係重構的系統工程，同時它也是一種新人才生態。因此，企業必須從戰略角度去思考合夥制的問題。

（2）合夥人改造的組織策略。

合夥人改造的組織策略需要解決以下問題：存在多大的分享空間？整體改造還是局部改造？組織機構調整，需要打造一個什麼樣的平臺總部？合夥人的組織模式是什麼，與平臺間是何種關係？上述問題與策略都需要結合具體企業來實施。

（3）合夥人改造的人才及文化策略。

合夥人改造的人才及文化策略需要解決以下問題：什麼樣的人能做合夥人？合夥人的責權利是什麼、遵循何種規範？從哪兒引入合夥人、如何與合夥人達成利益之上的文化共識？這些需要結合具體的公司文化及行業屬性。例如，王府井集團合夥制度的推行打破了職業經理人天花板，改變以往以任務為導向的激勵機制。執行合夥制度後，項目公司在業務環節擁有更多自主權，提高了效率，減少了浪費。但合夥制也對具體操盤人的專業能力、管理能力提出了更多挑戰，不能將經營重點放在完成短期經營任務上，而應著眼於長期發展。

（二）合夥人控制公司的制度保障缺失

合夥人贏得公司的控制權，福兮禍兮，眾說不一。管理學界普遍認同，認為合夥人贏得公司的控制權彰顯了企業家的價值；金融學界大多否決，認為合夥人贏得公司的控制權破壞了同股同權的資本市場的基本游戲

規則。我們的觀點：是否有利於企業發展，是否有利於股東價值最大化，是判斷這件事的唯一標準。在普遍需要創新引領的今天，企業家擁有更大話語權，對企業發展是有好處的；長期來看，也是股東利益最大化的保證。合夥制度雖然不是產生於現代，但是在中國企業治理中還處於摸索階段，相應的法律制度保障還比較缺失，這種企業治理模式應當何去何從還是個未知數。

(三) 合夥人的信息披露需進一步加強

合夥制的施行不可避免地會造成代理成本的增加問題，這也是實施該制度的阻礙。委託代理問題產生的原因之一就在於信息的不對稱，因此在實施合夥制度時更應該注意加強信息披露。當公司的控制權掌握在少部分人手中的時候，這些人對公司的發展就起到了至關重要的作用，進而他們的相關信息也是公司利益相關者最為關注的。因此，公司應當將每位合夥人的從業經歷、職業背景、工作業績進行具體披露。合夥人每一次選舉的具體情況、合夥人候選人與其他合夥人的關係都應該披露出來。股東大會有權詢問查看相關資料。美國的信息披露制度非常完善，這有利於股東全面瞭解公司的營運狀況，並有助於公司良好發展。

參考文獻

[1] 趙晶, 郭海. 企業實際控制權、社會資本控制鏈與制度環境 [J]. 管理世界, 2014 (9): 160-171.

[2] 周嘉南, 段宏, 黃登仕. 投資者與創始人的鬥爭: 衝突來源及演化路徑——基於中國公開衝突事件的案例分析 [J]. 管理世界, 2015 (6): 154-163.

[3] 高闖, 關鑫. 社會資本、網絡連帶與上市公司終極股東控制權——基於社會資本理論的分析框架 [J]. 中國工業經濟, 2008 (9): 88-97.

[4] 趙晶, 關鑫, 高闖. 社會資本控制鏈替代了股權控制鏈嗎?——上市公司終極股東雙重隱形控制鏈的構建與動用 [J]. 管理世界, 2010 (3): 127-139.

[5] 孫露稀. 企業人力資本地位變革及其社會文化意蘊——基於有限合夥制私募股權基金治理模式的分析 [J]. 管理現代化, 2014 (1): 72-74.

[6] 李寒冰. 一文讀懂合夥制的過去、現實和未來 [J]. 中國機電工業, 2016 (8): 68-70.

[7] 唐樂民. 時代呼喚合夥制 [EB/OL]. [2015-10-29]. http://

www.hejun.com/thought/point/201510/5445.html.

[8] 王悅. 唯有大開放 才有大發展——解密德邦事業合夥人計劃[J]. 中國儲運, 2016 (11): 54-55.

[9] 蔡崇信. 阿里巴巴為什麼推出合夥制度 [EB/OL]. [2013-09-27]. http://finance.china.com.cn/roXX/20130927/1843154.shtml.

[10] 周禹. 新合夥主義管理論：共生共享時代的企業制度升級 [J]. 中國人力資源開發, 2016 (24): 30-38.

[11] 張路. 公司治理中的權力配置模式再認識 [J]. 法學論壇, 2015 (5): 86-93.

[12] 鄭志剛, 鄒宇, 崔麗. 合夥人制度與創業團隊控制權安排模式選擇——基於阿里巴巴的案例研究 [J]. 中國工業經濟, 2016 (10): 126-143.

[13] 陳琳琳. 員工持股：讓老板歡喜讓老板憂 [N]. 南方都市報, 2014-07-11 (5).

[14] 佚名. 圖解張玉良「秘密武器」：10萬元控制188.8億資產 [EB/OL]. [2014-03-09]. http://finance.ifeng.com/a/20140319/11928958_0.shtml.

[15] 劉信中, 潘婷. 淺談合夥人制度在人才激勵和內部管理方面的影響 [J]. 工程建設與設計, 2015 (11): 16-17.

[16] 楊麗曼. 基於公司治理角度的不同模式合夥制度研究 [D]. 北京：北京交通大學, 2016.

[17] BERLE A A, MEANS G. The Modern Corporation and Private Property [M]. NewYork: MacmiXXan, 1932.

[18] SHLEIFER A, VISHNY R W. A Survey of Corporate Governance [J]. Journal of Finance, 2012 (2): 737-783.

［19］BHAGAT S, BOLTON B J, ROMANO R. The Promise and Peril of Corporate Governance Indices ［J］. Columbia Law Review, 2008（8）: 1803–1882.

［20］GELLAN S L. Recent Developments in Corporate Governance: An Overview ［J］. Journal of Corporate Finance, 2006（3）: 381–402.

［21］YOSHIKAWA T, RASHEED A A. Convergence of Corporate Governance: Critical Review and Future Directions ［J］. Corporate Governance: An International Review, 2009（3）: 388–403.

［22］ADAMS R B, HENNALIN B E, WEISBACH M S. The Role of Boards of Directors in Corporate Governance: A Conceptual Framework and Survey ［J］. Economic Literature, 2010（1）: 58–107.

［23］郭偉. 關於事業合夥制的十個重要問題 ［EB/OL］. ［2017-01-30］. https://mp.weixin.qq.com/s?_biz=MjM5Njc3MjkOMg==&mid=2650395191&idx=1&sn=b3aa1f74b5f7b015b4d86880eb80defb&chksm=bee95f16899ed600c31395e28978c061360e2755ab7b6eec96ce9a8f4e1662463288bed68e5a&mpshare=1&scene=1&srcid=0214av7gpW41efem3dkqE6Cy#rd.

［24］姜博仁. 新合夥制：移動互聯網時代的新型企業組織模式 ［M］. 北京：人民郵電出版社, 2016.

［25］曾鳴. 智能商業 ［EB/OL］. ［2017-07-15］. http://www.jianshu.com/p/ea1e7d0f9482?from=groupmessage.

［26］韓樹杰. 人力資本時代呼喚合夥人制度 ［J］. 中國人力資源開發, 2015（14）: 3.

［27］任夢醒. 公司高管合夥制法律問題研究 ［D］. 成都：西南財經大學, 2014.

［28］孫靜. 房地產公司激勵策略的研究——基於 K 集團合夥人激勵

計劃的案例分析［D］. 長春：吉林大學，2015.

［29］夏鷺鳴. 合夥機制不僅僅是一種激勵機制，更是一種商業模式創新［EB/OL］.［2017-11-09］. http://www.sohu.com/a/203225843_343325.

［30］胡正梁，張帆.「新型合夥人制度」解析［J］. 山東經濟戰略研究，2014（7）：12-15.

［31］付博. 合夥人改造［J］. 商界評論，2014（12）：73-74.

［32］曾勇鋼. 合夥制度與控制權之爭［J］. 首席財務官，2014（4）：88-91.

［33］佚名. 乾貨！永輝合夥制度解析［EB/OL］.［2017-12-01］. http://www.sohu.com/a/207948949_823034.

［34］蔡餘杰，紀海，許嘉軒. 合夥人制：顛覆傳統組織架構的管理新思維［M］. 北京：當代世界出版社，2015.

［35］於曉娜，朱麗娜. 專訪復星新生代管理層 構建多層次合夥制度 合夥人有進有出［EB/OL］.［2017-03-30］. http://news.hexun.com/2017-03-30/188679908.html.

［36］張希. 新業務的合夥人模式設計實踐［EB/OL］.［2017-05-09］. http://news.hexun.com/2017-05-09/189111222.html.

［37］駱小浩. 上市公司控制權安排研究——以阿里巴巴合夥制度為例［D］. 廣州：暨南大學，2015.

［38］陳維，張越，吳小勇. 零售企業如何有效激勵一線員工？——基於永輝超市的案例研究［J］. 中國人力資源開發，2017（7）：110-122.

［39］宋香麗. 合夥人制度芻議［J］. 中國商論，2016（29）：97-98.

［40］李靜宇. 我們需要怎樣的合夥人模式［J］. 中國儲運，2016（11）：46-48.

［41］李冰. 互聯網思維下中國零售企業商業模式創新研究［D］. 長

春：吉林大學，2015.

［42］嚴若森，錢晶晶．網絡治理模式創新研究——阿里「合夥人」與海爾「小微創客」［J］．科學學與科學技術管理，2017（1）：3-13.

［43］喬宇涵．安家萬邦：以創新平臺為保障的合夥制管理［J］．安家，2016（11）：12-15.

［44］劉光宇．雇傭制度下企業痛點倒逼合夥人時代來臨［J］．安家，2016（11）：25-27.

［45］王強．零售商業模式的創新［EB/OL］．［2013-12-30］．http://views.ce.cn/view/ent/201312/30/t20131230_2017297.shtml.

［46］佚名．海爾「創新合夥人」下的社群商業模式［EB/OL］．［2017-01-13］．http://news.xinhuanet.com/itown/2017/01/13/c_135979749.htm.

［47］長江商學院．中國在線零售業：觀察與展望［R/OL］．［2014-01-17］．http://www.199it.com/archives/192819/html.

［48］汪旭暉．自主創新：本土零售企業突圍利刃［N］．中國社會科學報，2011-04-21（12）.

［49］陳皓．合夥人時代：開啓股權合夥創業新模式［M］．廣州：廣東經濟出版社，2017.

［50］張詩信，王學敏．合夥人制度頂層設計［M］．北京：企業管理出版社，2018.

［51］蔡餘杰，紀海，許嘉軒．合夥人制：顛覆傳統組織架構的管理新思維［M］．北京：當代世界出版社，2015.

［52］商務部．中國零售行業發展報告（2016/2017 年）［R/OL］．［2017-07-03］．http://www.gov.cn/xinwen/2017-07-03/content_5207622.htm.

［53］彭虎鋒，黃漫宇．新技術環境下零售商業模式創新及其路徑分析：以蘇寧雲商為例［J］．宏觀經濟研究，2014（2）：108-115.

[54] 黃天龍, 羅永泰. 電商化轉型零售商的品牌權益提升機制與路徑研究——基於雙渠道品牌形象驅動的視角 [J]. 商業經濟管理, 2014 (4): 5-15.

[55] 浙江省商務廳. 電商換市深謀轉型路 [J]. 浙江經濟, 2014 (13): 18-22.

[56] 張蓓. 構建中國零售業商業生態系統 [D]. 上海: 同濟大學, 2007.

[57] 中國連鎖經營協會, 德勤會計師事務所. 中國零售業五大業態發展概況與趨勢 [EB/OL]. [2014-09-15]. http://www.ccfa.org.cn/portal/cn/view.jsp?lt=33&id=416734.

[58] 佚名. 平臺型生態體系解析 [EB/OL]. [2016-02-24]. http://www.woshipm.com/operate/287547.html.

[59] 佚名. 2014年美國百強零售商排行榜 [EB/OL]. [2014-07-18]. http://www.askci.com/chanye/2014/07/18/164455vzct.shtml.

[60] 佚名. 2014年財富世界500強排行榜 [EB/OL]. [2014-07-07]. http://www.fortunechina.com/fortune500/c/2014-07/07/content_212535.htm.

[61] 胡維波. 美國零售全渠道轉型戰略及中國零售踐行O2O [R/OL]. [2014-04-02]. http://www.chinalabs.com/index.php?m=content&c=index&a=show&catid=19&id=4888.

[62] 王俊. 構建流通主導型國家價值鏈 [N]. 中國社會科學報, 2013-11-18 (7).

[63] 彼得·德魯克. 下一個社會的管理 [M]. 蔡文燕, 譯. 北京: 機械工業出版社, 2009.

[64] 曾敏, 劉軍, 楊夏. 傳統零售、電商、移動互聯三種O2O模式

對比［EB/OL］.［2014－04－23］. http://www.linkshop.com.cn/web/archives/2014/287498.shtml.

［65］餘旭輝. 蘇寧：從橫向競爭到縱向競合［J］. 21世紀商業評論，2006（7）：65-69.

［66］孫會峰. 零售O2O的六大難題和四大出路［EB/OL］.［2014-10-10］. http://www.linkshop.com.cn/（kwthrmauciseeriqsdu1ui55）/web/Article_News.aspx? ArticleId=303430.

［67］徐蔚冰. 中國零售業進入加速整合階段［EB/OL］.［2016-09-09］. http://news.hexun.com/2016-09-09/185956110.html.

［68］顧國建. 當前零售業發展的幾個問題［J］. 中國食品，2015（20）：84-89.

［69］凱利. 失控：機器、社會與經濟的新生物學［M］. 東西文庫，譯. 北京：新星出版社，2010.

［70］王佳莉. 中糧集團「全產業鏈」戰略研究［D］. 北京：北京交通大學，2011.

［71］晏國文. 億歐網盤點蘇寧O2O六年轉型之路［EB/OL］.［2015-08-28］. http://ret.iyiou.com/p/20241.

［72］周勇. 線上線下的衝突與融合［J］. 上海商學院學報，2013（6）：6-9.

［73］謝莉娟. 互聯網時代的流通組織重構：供應鏈逆向整合視角［J］. 中國工業經濟，2015（4）：44-56.

［74］汪旭暉，張其林. 多渠道零售商線上線下行銷協同研究［J］. 商業經濟與管理，2013（9）：37-47.

［75］胡祖光. 中國零售業競爭與發展的制度設計［M］. 北京：經濟管理出版社，2006.

[76] 袁平紅. 全球流通發展新態勢下的中國流通產業發展方式轉變 [J]. 中國流通經濟, 2014 (2): 26-35.

[77] 許金葉, 許琳. 協同與管控: 雲端企業產業鏈生態系統的治理 [J]. 財務與會計, 2013 (6): 46-48.

[78] 曹靜. 基於產業融合的中國現代零售業發展路徑研究 [J]. 上海商學院學報, 2012 (5): 39-45.

[79] 劉志彪. 重構國家價值鏈: 轉變中國製造業發展方式的思考 [J]. 世界經濟與政治論壇, 2011 (4): 1-14.

[80] 王偉, 邵俊崗. 信息共享風險下的企業戰略聯盟穩定性分析 [J]. 企業經濟, 2013 (5): 26-29.

[81] 羅明新. 集團公司組織協同的動因及構建 [J]. 企業改革與管理, 2008 (2): 15-16.

[82] 陳學猛, 丁棟虹. 國外商業模式研究的價值共贏性特徵綜述 [J]. 中國科技論壇, 2014 (2): 23-25.

[83] 孫藝軍. 大型零售商濫用市場優勢地位及應對策略 [J]. 北京工商大學學報 (社會科學版), 2008 (5): 11-16.

[84] 王為農, 許小凡. 大型零售企業濫用優勢地位的反壟斷規制問題研究 [J]. 浙江大學學報 (人文社會科學版), 2011 (8): 138-146.

[85] 姚宏, 魏海玥. 類金融模式研究——以國美和蘇寧為例 [J]. 中國工業經濟, 2012 (9): 33-35.

[86] 蘇寧雲商董事會. 蘇寧雲商集團股份有限公司 2015 年度報告 [EB/OL]. [2016-03-31]. http://disclosure.szse.cn/finalpage/2016-03-31/1202114924.PDF.

[87] 佚名. 做好合夥制的六種模式 [EB/OL]. [2017-08-11]. http://www.sohu.com/a/163808339_335296.

附　錄

附錄 1　阿里巴巴的合夥制度[①]

1. 湖畔合夥制度

阿里巴巴的合夥制度又稱為湖畔合夥制度，該名稱源自 2015 年以前馬雲等創始人創建阿里巴巴的地點——湖畔花園。

阿里巴巴的創始人自 1999 年起便以合夥人原則管理和營運阿里巴巴，並於 2010 年正式確立合夥制度，取名湖畔合夥制度。

湖畔合夥制度的產生有其歷史背景。十幾年前，當時的互聯網企業估值不高但卻有很高的融資需求，互聯網企業創始人和核心管理層的持股比例被投資人大大稀釋，當時的百度、騰訊也遇到過相同的問題。顯然，今天「互聯網+」時代下的京東、陌陌明顯不存在這樣的問題。

在股權被高度稀釋的情況之下，企業創始人和核心管理層要謀求對公司的控制和主導，就需要根據公司的具體情況來設計公司頂層架構。谷

[①] 謝玲麗，馬俊龍，張東蘭. 阿里巴巴合夥制度精析：打開公司的自治空間 [EB/OL]. [2017-05-23]. http://www.sohu.com/a/142878196_143492.

歌、百度在美國資本市場選擇了較為成熟的雙重股權模式，而阿里巴巴則創設了湖畔合夥制度。

毫無疑問，湖畔合夥制度無法在中國當前的法制環境下直接複製，但卻為我們提供了很好的定制公司的思路，尤其是在中國新型商事登記制度之下，新業態、新商業模式企業以及其他民營企業根據自身特點和訴求來定制公司是大有裨益的。

2. 合夥人的四個基本要求

（1）期限：合夥人必須在阿里服務滿 5 年。

（2）持股：合夥人必須持有公司股份，且有限售要求。

（3）提名：由現任合夥人向合夥人委員會提名推薦，並由合夥人委員會審核同意其參加選舉。

（4）表決：在一人一票的基礎上，超過 75% 的合夥人投票同意方可加入。

四個基本要求是硬性條件，決定了新合夥人必須對阿里巴巴有價值和貢獻而且必須獲得現任合夥人的普遍認可。

3. 合夥人的兩個彈性標準

（1）價值貢獻：對公司發展有積極貢獻。

（2）價值認同：高度認同公司文化，願意為公司使命、願景和價值觀竭盡全力。

這兩個彈性標準對於大多數民營企業來說並不陌生，我們往往在設計員工的股權激勵時經常用到。

4. 合夥人的構成及現狀

阿里巴巴目前總共有 30 名合夥人，主要是高管及核心子公司主要負責人。其中，有 3 名合夥人具有法律背景和法律專業能力。阿里巴巴的合夥人主要是高管及核心子公司主要負責人，如：阿里巴巴董事局主席馬雲、

董事局副主席蔡崇信、首席執行官陸兆禧、小微金服集團董事長彭蕾等。

5. 合夥人的基本構成原則

阿里巴巴的合夥制度無固定人數，名額將隨著成員變動而改變且無上限。

合夥人存在分級，即永久合夥人及非永久合夥人。除馬雲和蔡崇信為永久合夥人外，其餘合夥人的地位與其任職有關，一旦離職則退出合夥人關係。

合夥人的人數沒有上限是極為重要的。這是合夥制度中激勵機制部分的核心，更打通了合夥人的進入與退出通道。

6. 合夥人的提名權與任命權

合夥人享有提名權和任命權，這是合夥人與大股東協商的結果。阿里巴巴合夥人擁有了超越其他股東的董事提名權和任免權，控制了董事人選，進而控制了董事會。

（1）合夥人擁有提名董事的權利。

（2）合夥人提名的董事應占董事會人數一半以上（不含本數），因任何原因董事會成員中由合夥人提名或任命的董事不足半數以上時，合夥人有權任命額外的董事以確保其半數以上董事控制權。

（3）如果股東不同意選舉合夥人提名的董事，合夥人可以任命新的臨時董事，直至下一年度股東大會。

（4）如果董事因任何原因離職，合夥人有權任命臨時董事以填補空缺，直至下一年度股東大會。

英美法系的法律制度以董事會中心主義為公司法基本原則，即公司以董事會為中心構建一系列的權利機制、責任機制、激勵機制和約束機制。阿里巴巴合夥制度通過合夥人的提名權和任命權實現對董事會的控制，顯然是該制度的核心。

7. 合夥人的獎金分配權

阿里巴巴每年會向包括公司合夥人在內的公司管理層發放獎金。該獎金屬於稅前列支事項。這意味著合夥人的獎金分配權將區別於股東分紅權，股東分紅來自稅後利潤，而合夥人獲得的獎金將作為管理費用處理。

8. 合夥人委員會的權利

合夥人委員會是阿里巴巴合夥人架構中最核心的機構，控制著合夥人的審核及選舉事宜。合夥人委員會共 5 名委員：馬雲、蔡崇信、陸兆禧、彭蕾及曾鳴。委員會委員實施差額選舉，任期 3 年，可連選連任。

合夥人委員會享有三項主要權利，包括：

（1）審核新合夥人的提名並安排其選舉事宜；

（2）推薦並提名董事人選；

（3）決定薪酬委員會分配給合夥人的年度現金獎勵。

9. 合夥制度的修改程序與穩定性

公司治理結構和治理機制的設計，必須要保持一定的穩定性且不易被篡改，否則形同虛設。通過董事會層面和股東層面的多重機制設置，阿里巴巴合夥制度異乎尋常的穩定。

（1）董事會層面。

對阿里合夥協議中關於合夥關係的宗旨及阿里合夥人董事提名權的修訂必須經過多數獨立董事的批准。對合夥協議中有關提名董事程序的修改則須取得獨立董事的一致同意。該類董事應為紐約證券交易所公司管理規則 303A 中規定的獨立董事，且非由合夥人提名或任命的董事。

（2）股東會層面。

公司章程確定的阿里合夥人提名權及相應條款，只有在出席股東大會的股東所持表決票數為 95% 以上同意的條件下，方可通過。阿里巴巴的創始人和管理層持有不超過 13.5% 的股權，而且不存在表決迴避制度的問

題，這就意味著阿里巴巴合夥制度牢不可破，其他人基本很難修改這一制度。

10. 合夥人與大股東的協議安排

每個制度本身有利有弊，它必須獲得包括大股東在內的主要利益相關者的認同。這不僅是商法基本原則的要求，也是公司作為一個組織的必然選擇。

阿里巴巴合夥人通過與大股東的協議安排，強化了其對公司的控制權。在公司基本面無根本變化的情形下，這一協議安排將得到持續尊重。

阿里巴巴合夥人與軟銀、雅虎的協議安排：

（1）軟銀承諾在股東大會上投票支持阿里巴巴合夥人提名的董事當選，未經馬雲及蔡崇信同意，軟銀不會投票反對阿里巴巴合夥人的董事提名。

（2）軟銀將其持有的不低於阿里巴巴30%的普通股投票權置於投票信託管理之下，並受馬雲和蔡崇信指示。鑒於軟銀有一名董事的提名權，馬雲和蔡崇信將在股東大會上用其所擁有和支配的投票權支持軟銀提名的董事當選。

（3）雅虎將動用其投票權支持阿里巴巴合夥人和軟銀提名的董事當選。

附錄2　重慶××大藥房連鎖店合夥人合作機制[①]

作為重慶藥房連鎖行業一支新秀，重慶××大藥房連鎖通過一年的籌備與踐行，不斷完善了連鎖藥房營運必備的八大管理系統。公司基於戰略發展及市場環境為合夥人提供兩類合作機制，以供選擇。

1. 獨資加盟模式

權利與義務：

①管理權與經營權歸合夥人所有。

②全部銷售商品都在重慶××大藥房有限公司購進，公司免收商品運輸費。

③各個門店ERP軟件由公司提供，站點費用由各個門店承擔。

④各個門店財稅相關工作由公司負責，免收因此產生的一切費用；各個門店帳務由門店獨立做帳。

⑤各個門店因電子商務產生的應有收益及成本歸各個門店所有，各個門店的後臺策劃及後臺營運費用全免。

2. 712合作模式

出資與分紅：藥房每月在支付完相關費用並與公司財務對帳後，利潤總結餘根據分紅比例，將於次月25日前匯入合夥人指定銀行帳戶。各門店財務報表由合夥人，或合夥人授權人填寫。出資與分紅比例見表1。

---

① 佚名. 連鎖藥房合夥人招募正火熱進行中［EB/OL］.［2017-01-18］. https://youwahou.kuaizhan.com/55/11/p40046473536988.

表 1　　　　　　　　　　　出資與分紅比例

股權人	資金投入比例	純利潤分紅比例	所屬門店股權比例
合夥人	48%	70%	48%
所屬門店店長	0	10%	0
重慶××大藥房有限公司	52%	20%	52%

權利與義務：

①免收門店籌辦、資質辦理、VI 設計規劃、員工招聘、員工職業規劃及實現、OA 系統、商品結構調整所產生的人力資源費用。

②任何商品自出庫時起 3 個月內無條件退貨。非門店意願，6 個月以內有效期商品不出庫；6~12 個月有效期商品不超過 5%。

③全部商品都在重慶××大藥房有限公司購進，免收商品運輸費。

④合夥人可推薦所投資藥房的店長與店員人選，經公司面試、聘用後上崗。

⑤各個門店由公司統一管理，免收所有管理費用。

⑥各個門店開展的活動，公司免收活動策劃及推廣人員費用；活動中產生的連鎖推廣人員出差食宿費用、禮品及一次性物品由各門店承擔。

⑦醫保產生金額當月結算。醫保未結算金額由公司墊付給各個門店。

⑧各個門店財稅相關工作由公司負責，免收因此產生的一切費用；各個門店帳務由門店與公司分別做帳，月底核對。

⑨藥品質量及 GSP 規範指導工作由公司全權負責。

⑩合夥人有義務推薦適合開辦藥房的經營地址。

3. 回購 & 退出機制

當公司籌備上市或進行其他重大改革時，合夥人應主動配合公司。公司亦將用回購計劃回購所有股份。

（1）獨資加盟模式。

如因市場環境因素或其他因素導致獨資加盟店出資人出售或轉讓門店，重慶××大藥房有限公司願優先收購該獨資加盟門店（具體細節由雙方協商處理）。

（2）712合作模式 & 收購合作模式。

① 公司與合夥人共同協商決定門店估值。

② 在限定時間內合夥人選擇回購方式。

a. 以股換股（推薦）：將合夥人在門店的股份按門店估值、股份份額折合成具體金額，按即將上市公司的實際估值進行入股；合夥人享有即將上市公司的同等比例股份的分紅權，股權（表決權）以公司代持處理。

b. 以股換金：將按門店的估值按照占股比例計算，公司以貨幣的方式全額收購合夥人股份。

c. 以金換店：將門店的估值按照占股比例計算，合夥人以現金的方式全額購進公司所占股份，並退出重慶××大藥房連鎖。

（3）退出機制。

為使新開門店順利過渡控損期，雙方約定自註冊之日起一年內不得退出。若一年後合夥人提出終止合作，公司按投資金額減去虧損及折舊金額收購其所持股份。

附錄3　某公司合夥人治理制度實施方案[①]

一、總則

（1）合夥人治理制度是當今最先進的企業治理制度創新，過去數年中，已經在一些互聯網巨頭企業獲得成功實踐，幫助公司從創業階段到做大做強。合夥人治理制度並非公司的組織形式，即不能理解為公司是合夥制企業，而只是在有限責任公司或股份公司裡實行創新的治理制度。該治理制度為了表達核心團隊的責任感而借用了合夥人的名稱。

（2）本實施方案是指由××公司及其相關業務、許可等承載實體（以下簡稱「公司」），在結合自身的實際情況下，在初創階段就通過授予核心團隊員工擁有本公司股權，並授權專業團隊制定公司戰略方向、發展策略，參與經營決策，按股份享受有長期利益的公司治理方式。

（3）推行內部合夥制度目的在於：

① 實現公司治理模式的突破，通過共同創業的方式凝聚核心員工，激勵核心團隊，解決核心團隊的穩定性、創造力以及克服困難的決心；

② 讓核心團隊的專業人士擁有較大的戰略決策權，減少內外部短期波動影響，確保客戶、公司以及所有股東的長期利益；

③ 公司不會因為任何人員的離開，影響公司的文化及價值觀的形成。

（4）合夥人是指認同公司文化，具備公司所需重要能力，並獲得股權

[①] 佚名. 關於合夥人創新治理制度的實施方案 [EB/OL]. [2016-04-05]. https://www.ggdoc.com/5LuA5LmI5piv5aSW6 YOo5ZCI5LyZ5Lq60/MWM1YTY0Y2YwNzIyMTkyZTQ0MzZmNjMz0/1.html.

獎勵的員工，合夥人對公司負共同創業、共同經營、共擔風險之責任，原則上公司只接受參與實際經營管理的人員為合夥人，不接受純投資者為合夥人。

（5）為提高公司決策效率，公司成立合夥人委員會。合夥人總數在20人以內時，所有合夥人默認進入合夥人委員會（以下簡稱為合委會）；當合夥人總數超過20人時，合委會採取委員選舉制，除默認進入合委會的人選外，其他人選按選舉得票數量從多到少的順序當選為合委會委員，直到滿額。

（6）合夥制度的實施遵循以下原則：

① 循序漸進原則，即需要通過一定的週期考驗是符合條件的；

② 公開、公平、公正原則，對股東、董事會、整個團隊都透明並接受監督；

③ 收益與風險共擔，收益延期支付原則，即強調績效導向的考核方式；

④ 能力配比、增量激勵的原則，即建立合夥人的能力模型，保證優選。

（7）公司的主要股東和投資者授予合委會董事提名權，通過公司章程和股東協議保障合委會具有二分之一以上的董事提名權。合委會提出董事提名以後，由股東大會按章程和法規進行任命。如因任何原因董事會成員中由合夥人提名或任命的董事不足半數時，合夥人有權任命額外的董事以確保其半數以上董事控制權；如果股東不同意選舉合夥人提名的董事人選，合夥人可以任命新的臨時董事，直至下一年度股東大會；如果董事因任何原因離職，合夥人有權任命臨時董事以填補空缺，直至下一年度股東大會。

（8）本制度的實施意在逐步構建符合公司實際需要的合夥人經營治理

模式和團隊合作習慣，並不改變公司任何其他性質，亦不影響股東除董事提名權外的任何權益。

（9）如因未來公司需要，IPO 的目標證券市場不接受合夥人治理制度，則經合委會一致通過後進行改制，以適應 IPO 的目標。

二、合夥人產生

（1）合夥人分成二類：創業合夥人及聘任合夥人。

（2）創業合夥人：經公司確認的首期合夥人均為創業合夥人。創業合夥人總數不超過 10 人，創業合夥人只要在公司任職即擁有合夥人身分，一旦離開公司則合夥人身分自動失效。

（3）聘任合夥人：第二期及以後加入的合夥人為聘任合夥人。聘任合夥人必須從管理層中由合委會投票產生，每兩年重新投票決定是否續任，聘任合夥人一旦不擔任管理崗位則合夥人身分自動失效。

（4）聘任合夥人要同時滿足以下准入條件：

① 在公司任職 1 年以上，公司穩定後將提高任職時長要求；

② 職級 M6 及以上，並符合崗位任職資格條件；

③ 有成為合夥人的意願，認同公司價值取向，具備長遠眼光和較強的創業慾望。隨著公司的成熟，合委會將不斷調整優化此項准入條件。

（5）吸納聘任合夥人的基本程序：

① 1 個或多個合夥人委員向合委會提出申請；

② 由合委會秘書對申請進行初審，確認是否符合基本准入條件；

③ 合夥資格初審通過後，合委會委託不低於 3 名合夥人委員進行面談評估，並向合委會提交面談結果；

④ 提交合委會投票決議，投票中獲得三分之二及以上的贊成票表示決議通過；

⑤ 成為聘任合夥人，行使合夥人權利，承擔合夥人義務。

（6）公司發展壯大後，將衍生產業鏈上的各個公司，合夥人和合委會將同時延伸至相應控股公司或實際控制公司，具體組織方式將根據實際情況由合委會決定。

（7）合委會負責起草相關文檔並實施所有操作細節。合委會設秘書一名，跟進合委會的文檔工作和流程工作。合夥人相關或合委會相關的所有文檔及事項均按涉密處理，合委會秘書是唯一出口，只有經合委會投票同意，合委會秘書方可在授權範圍向特定外部對象或公眾分享相關信息。未經上述程序，合夥人不能私自對外分享任何相關文檔或事項。對股東會、董事會、監事會等內部機構，不受上述約束。對於上述的機密文件，股東（會）、董事（會）、監事（會）以及任何可能接觸到合委會文件資料的內部人員，在需要對外部進行信息分享時，均應遵守公司保密規定，並且只能通過合委會秘書實施操作。

三、合夥人的權利和義務

（1）合夥人權利。
① 重大事項表決權。
② 重大事項建議權。
③ 監督公司內部機構活動合規性及合理性。
④ 分配更多的長期利益。
⑤ 提議召開合委會。
⑥ 股東授予合委會的其他權力。
（2）合夥人義務。
① 遵守公司章程及各項制度。
② 履行合夥人分管職能，完成合委會決議分管或上級分配的工作任務

或業績指標。

③ 按時出席合夥人會議，就公司經營發展出謀劃策。如果連續 3 次或累計 5 次未出席合夥人會議，合委會有權暫停其合夥人資格並進入審查階段，審查未通過的即失去合夥人身分。

④ 接受制度約束，接受根據個人績效和公司需要而進行的職務調整。

⑤ 嚴格保守公司商業機密。

⑥ 嚴格保守合夥人及合委會的所有機密。

⑦ 遵循合夥人內部平等、負責、開放、透明的溝通方式。

⑧ 合委會規定的其他的義務。

（3）下列事項應當經合委會投票決議。

① 公司戰略及營運策略的制定。

② 公司薪酬政策。

③ 公司期權發放及管理制度。

④ 提名董事會過半數董事人選。

⑤ 合夥人的產生和退出。

⑥ 合夥人在表決時實行一人一票制，當表決票數出現對等僵局時，合委會將授予公司 CEO 額外一票。

⑦ 合夥人不得用不正當的手段拉票。

（4）董事長保障條款。

① 合委會通過董事會保障只能選舉公司創始股東×××先生為公司董事長，直至公司因 IPO 被整體收購，或合夥人治理制度停止實施。

② 董事長每個自然年有兩次機會一票否決合委會通過的決議，不能跨年度累計使用。被否決的決議，合委會在三個月內不得重新進入表決程序，並計一次否決權已用。

（5）股東（會）、董事（會）、監事（會）知情權保障條款。

合委會及合夥人承諾保障股東及股東會、董事及董事會、監事及監事會的知情權、監督權按公司法及各相關法規實施。

（6）合委會負責起草實施合夥人工作條例。

四、合夥人退出

（1）合夥人主動退出。

當事人書面向合委會申請提出。

（2）合夥人被動退出。

① 因離職自動退伙。

② 因解聘自動退伙。

③ 被合委會通過二分之一投票決策要求退伙。

④ 喪失行為能力或死亡。

（3）合委會負責起草並實施合夥人退出的實施細則。

五、合夥人的持股說明

（1）本著認可專業團隊智力價值的精神，公司建立占總股本××的股權獎勵池，其中獎勵CEO 10%股權，創業合夥人每人1%股權（不含原始股東），股權一次授予，分4年按每年25%行權，剩餘部分作為聘任合夥人及骨幹員工的期權池。

（2）合夥人共同成立一家合夥企業，代所有合夥人及員工持有公司及其衍生體××的股權。

（3）除原有股東和公司CEO持有普通股，其他創業合夥人及期權池的獎勵性股票均為不參與股東會投票的限制股，其投票權均委託合夥人持股企業行使。

（4）合夥企業代持××的股權隨著融資進行同等稀釋。

（5）公司期權分配方式由合委會制定細則並實施。

六、附則

（1）本方案的修改和解釋權歸公司合委會所有。

（2）方案未盡事宜及實施細則，由合委會制定並審批。

（3）本實施方案主要內容將通過合作協議進行約定並寫入相關公司管理章程並不可撤銷，以從法律上保障制度的長期穩定。

國家圖書館出版品預行編目（CIP）資料

現代商貿服務企業合夥制管理改革與創新 / 任家華, 應陳炳, 胡康康 著.
-- 第一版. -- 臺北市：崧博出版：崧燁文化發行, 2019.07
　　面；　公分
POD版

ISBN 978-957-735-830-1(平裝)

1.合夥 2.企業管理 3.中國

553.69　　　　　　　　　　　　　　108006278

書　　名：現代商貿服務企業合夥制管理改革與創新
作　　者：任家華、應陳炳、胡康康 著
發 行 人：黃振庭
出 版 者：崧博出版事業有限公司
發 行 者：崧燁文化事業有限公司
E - m a i l：sonbookservice@gmail.com
粉絲頁：　　　　　網址：
地　　址：台北市中正區重慶南路一段六十一號八樓 815 室
8F.-815, No.61, Sec. 1, Chongqing S. Rd., Zhongzheng
Dist., Taipei City 100, Taiwan (R.O.C.)
電　　話：(02)2370-3310 傳　真：(02) 2370-3210
總 經 銷：紅螞蟻圖書有限公司
地　　址：台北市內湖區舊宗路二段 121 巷 19 號
電　　話：02-2795-3656 傳真:02-2795-4100　　網址：
印　　刷：京峯彩色印刷有限公司（京峰數位）

本書版權為西南財經大學出版社所有授權崧博出版事業股份有限公司獨家發行電子
書及繁體書繁體字版。若有其他相關權利及授權需求請與本公司聯繫。

定　　價：320元
發行日期：2019 年 07 月第一版
◎ 本書以 POD 印製發行